KOMPAKTKURS ENGLISCH

Englisch
step by step

KOMPAKTKURS ENGLISCH

Englisch step by step

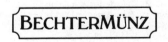

Genehmigte Lizenzausgabe für
Bechtermünz Verlag im
Weltbild Verlag GmbH, Augsburg 1996
© by MECO Buchproduktion GmbH, Dreieich 1995
Alle Rechte vorbehalten
Umschlaggestaltung: Adolf Bachmann, Reischach
Satz: MECO Buchproduktion GmbH, Dreieich
Gesamtherstellung: Presse-Druck- und Verlags-GmbH Augsburg
Printed in Germany
ISBN 3-86047-109-0

VORWORT

Englisch Step by Step ist das erste Buch seiner Art und unterscheidet sich grundlegend von anderen Lehr- oder Übungsbüchern für die englische Sprache.

Dieses Buch wird Sie Schritt für Schritt zur Beherrschung der englischen Sprache führen, vom ersten Kontakt mit der Sprache bis hin zur fortgeschrittenen Unterhaltung, und es enthält allgemeinverständliche Erklärungen ebenso wie Beispielunterhaltungen, die Sie sofort anwenden können.

Es wird Ihnen auf einfache Weise und ohne langatmige, schwierige Erklärungen zeigen, wie Sie korrektes, gebräuchliches Englisch sprechen können. Von der ersten Seite an lernen Sie englische Unterhaltungsbeispiele.

Dies wird möglich durch die logische und ungewöhnliche Weise, in der Englisch durch die *Step-by-Step*-Methode dargeboten wird. Jedes Element des englischen Satzbaus, jede Verwendungsmöglichkeit englischer Verben, jede moderne englische Redewendung und eine große Anzahl alltäglicher Situationen werden in kurzen, leicht nachvollziehbaren Musterunterhaltungen dargeboten. Diese Dialoge sind nicht nur unterhaltsam, sondern sie werden auch schnell in Ihrem Gedächtnis haften bleiben, wenn Sie sie einmal gelesen haben, denn Wörter und Sätze, die man gut in einer Unterhaltung mit englischsprechenden Menschen verwenden kann, merkt man sich leicht.

Wenn Sie Anfänger sind, werden Sie überrascht sein, wie leicht es ist, Englisch zu sprechen und es auch so auszusprechen, daß Engländer Sie verstehen. Wenn Sie bereits etwas Englisch können, werden Sie feststellen, daß Sie mithilfe dieses Buches die Sprache besser verstehen, fließender und mit größerem Selbstvertrauen sprechen und einen größeren Wortschatz verwenden können.

Dieses Buch enthält 21 Schritte, die Sie anhand eines nach der Verwendungshäufigkeit ausgewählten Vokabulars zur englischen Sprache hinführen. Sie beginnen mit der Bestellung in einem Café, bald werden Sie verstehen, was englische Menschen, die Sie treffen, sagen, und werden ihnen antworten können. Schließlich werden Sie in der Lage sein, sich über Bücher, Politik, Kunst, Wissenschaften, Geschäftliches, Geschichte und jedes andere Thema zu unterhalten. Darüber hinaus enthalten die Beispielunterhaltungen kleine Ausflüge in die Kultur der englischsprechenden Welt – so daß Sie nicht nur lernen, *was* Sie sagen können, sondern auch, *was* Sie *wann* sagen können. Sie werden lernen, wie man eine Unterhaltung beginnt – wie man eine Geschichte erzählt – wie Menschen sprechen, wenn sie aufgeregt sind – und Sie werden sogar die Sprache der Gefühlswelt kennenlernen.

Gleichzeitig werden Sie einige tausend Vokabeln lernen – das sind mehr, als die meisten Menschen in ihrer Muttersprache verwenden. Durch die situationsbezogenen Unterhaltungen werden Sie die Formen der Verben und bildhafte Redewendungen lernen; mit anderen Worten: Sie werden einen *Instinkt* für die richtige Sprache in der jeweiligen Situation entwickeln – genau so, wie Sie es taten, als Sie Ihre Muttersprache gelernt haben.

Erklärungen zu diesen besonderen Konstruktionen werden genau an dem Punkt gegeben, an dem sie benötigt werden. Diese leichtverständlichen Erklärungen auf der rechten Hälfte jeder Seite beziehen sich direkt auf jedes neue Beispiel eines englischen Ausdrucks oder einer englischen Redewendung.

Am Ende jedes Schrittes befindet sich ein Abschnitt mit einer Beispielunterhaltung in Form eines kurzen Dialoges, der nicht nur dazu dient, das im vorhergegangenen Schritt Gelernte zu vertiefen, sondern der auch englische Menschen im natürlichen Gespräch zeigt, wobei sie das neue Material, das Sie gerade gelernt haben, auf alltägliche, korrekte Weise anwenden. Wenn Sie Englisch auf diese natürliche *Step-by-Step*-Methode erlernen, werden Sie feststellen, daß Sie es bald fließend sprechen und problemlos verstehen werden – und Sie werden Freude daran haben, die Sprache zu lernen.

INHALT

DIE AUSSPRACHE DES ENGLISCHEN

Jeder Satz in den Lektionen dieses Buches ist dreimal abgedruckt – zunächst auf Englisch, dann in leicht lesbarer „Lautschrift", und schließlich auf Deutsch, damit Sie die Bedeutung verstehen können.

Um Englisch korrekt zu lesen, lesen Sie die zweite Zeile laut vor, wobei Sie jede Silbe so aussprechen, als wäre sie deutsch, und – Sie sprechen Englisch.

Hier ist ein Beispiel. Beachten Sie, daß die Silben, vor denen ein Akzent ['] steht, betont werden:

How do you do?
[hau du: ju: du:?]
Wie geht es Ihnen?

Während Sie in den Lektionen voranschreiten, sollten Sie versuchen, das Englische auszusprechen, ohne auf die zweite Zeile zu schauen – im Zweifelsfall ist sie ja immer noch da.

Die englische Aussprache der meisten Buchstaben und Buchstabengruppen ist für Deutsche nicht immer leicht nachzuvollziehen. Um sie überhaupt in gedruckter Form wiedergeben zu können, ließ es sich nicht vermeiden, für einige Laute, die es im Deutschen nicht gibt, Sonderzeichen zu verwenden, deren Bedeutung Sie der folgenden Tabelle entnehmen können:

LAUTSCHRIFT ENGLISCH	ENTSPRICHT IM DEUTSCHEN ETWA
[ə]	ein Laut zwischen **ö** und **e**, wie er z.B. am Ende des Wortes „Löwe" auftritt
[ɜ]	eine „langgezogene" Spielart des [ə], das wie ein sehr offenes **ö** klingt.
[θ]	das stimmlose („scharfe") **th**, ein Lispellaut

[ð]	das stimmhafte **th**
[z]	das stimmhafte **s** (wie in „Sonne")
[u]	mit diesem Zeichen geben wir das englische **w** wieder, da seine Aussprache dem deutschen **u** näher ist als dem deutschen **w**. Das englische **w** wird mit leicht vorgestülpten Lippen ausgesprochen.
[v]	das englische **v** wird wie das deutsche **w** bzw. wie das deutsche **v** in „Wonne" bzw. „Lava" ausgesprochen

Das englische **r** wird hinten im Hals gebildet, mit leicht zurückgelegter Zunge. Am besten ist es, Sie hören zu, wenn Engländer sprechen, um den Klang der verschiedenen Laute kennenzulernen.

Ein Ratschlag: Nachdem Sie eine Lektion gelesen haben, ist es sehr wichtig, daß Sie den Text der Lektion und die „Beispielunterhaltung" noch einmal laut lesen. Lesen Sie sie zunächst langsam, und steigern Sie dann allmählich die Geschwindigkeit bis zu einer normalen Unterhaltungsgeschwindigkeit, wobei Sie die englische Zeile anstelle der Lautschrift-Zeile lesen. Dies wird Ihnen nicht nur bei der Aussprache helfen, sondern es werden sich auch die Vokabeln und Ausdrücke tiefer in Ihr Gedächtnis einprägen. Egal, ob Sie allein lernen oder mit jemand anderem zusammen – versuchen Sie, die einzelnen Abschnitte bzw. Rollen in den Lektionen (und besonders in den Beispielunterhaltungen) laut zu lesen, mit Gesten und einer natürlichen Betonung, und mit wachsender Geschwindigkeit. Indem Sie sich an eine normale, fließende Sprechweise gewöhnen, werden Sie einen natürlichen Sprechrhythmus erreichen, der Ihnen die Fremdsprache bald so vertraut werden läßt wie Ihre Muttersprache.

BEISPIELUNTERHALTUNG: IN EINEM CAFÉ

Die folgende kurze, typische Unterhaltung könnte in jedem englischen Café verwendet werden. Die Gedankenstriche am Beginn einiger Sätze sind die englische Art, einen Wechsel der sprechenden Person anzuzeigen (vergleichbar mit Anführungszeichen).

—Good morning, sir.
[gud 'mo:ning, sɜ.]
Guten Morgen, mein Herr.

—Good morning.
[gud 'mo:ning]
Guten Morgen.

A table for one, please.
[ə 'täibəl fo: uan, pli:z.]
Einen Tisch für eine Person, bitte.

> **A und one**
> *A*, verwendet wie ein Artikel, bedeutet „ein" oder „eine", aber um die Anzahl „eins" mitzuteilen, verwendet man *one*.

—Certainly, sir. This way, please.
['sɜtənli, sɜ. ðis uäi, pli:z.]
Sicher, der Herr. Hier entlang, bitte.

Here you are, sir. This table is free.
[hiə ju a:, sɜ. ðis 'täibəl iz fri:]
Bitte sehr, Sir. Dieser Tisch ist frei.

—Thank you. This is fine.
  [θänk ju. ðis iz fain.]
  Danke. Das ist schön.

This – that
„Dieses" und „jenes" werden im Englischen durch *this* und *that* ausgedrückt, wobei sich *this* eher auf etwas in der Nähe des Sprechers befindliches bezieht, *that* dagegen auf etwas weiter entferntes.

—A black coffee, please, and toast.
  [ə bläck 'koffiː, pliːz, änd toust.]
  Einen schwarzen Kaffee, bitte, und Toast.

Weder maskulin noch feminin
Die Wörter für Sachen und Substanzen werden weder dem männlichen noch dem weiblichen Geschlecht zugeordnet. Das Personalpronomen, das im Zusammenhang mit diesen Wörtern verwendet wird, ist also immer *a*.

—Hi, Robert. How are you today?
  [hai, 'robət. hau aː ju tu'däi?]
  Hallo, Robert. Wie geht es Ihnen heute?

—Very well, thank you. And you?
  ['veri uell, θänk ju. änd ju?]
  Sehr gut, danke. Und Ihnen?

—O.K. thanks. Sit down here for a moment.
  [oukäi, θänks. sit daun hiə 'forə 'moumənt.]
  Ganz gut, danke. Setzen Sie sich für einen Augenblick hierher.

—With much pleasure.
  [uið matsch 'pleschə.]
  Mit Vergnügen.

—Excuse me, sir. Is that all?
  [iks'kjuːz mi, sɜ. iz ðät oːl?]
  Entschuldigen Sie, Sir. Ist das alles?

—No. Please bring another coffe for my friend.
[nou. pliːz bring ən'aðə 'koffi foː mai frend.]
Nein. Bitte bringen Sie noch einen Kaffee für meinen Bekannten.

> ### Der Imperativ ist einfach
> Um Befehle oder Anweisungen zu geben, benutzt man einfach die Grundform des Verbs – den Infinitiv – wie man sie im Wörterbuch findet.
>
> > sich setzen – *(to) sit down*
> > *Setzen Sie sich!* – Sit down!
> > bringen – (to) bring
> > Bringen Sie! – Bring!

—The coffee here is very good, isn't it?
[ðə 'koffi hiə'riz gud, iznt it?]
Der Kaffee ist gut hier, nicht wahr?

—Yes, it's not bad.
[jes, its not bäd.]
Ja, er ist nicht schlecht.

—Waiter! The bill, please.
['uäitə! ðə bill, pliːz.]
Ober! Die Rechnung, bitte.

—Here it is, sir.
['hiərit iz, sɜ.]
Hier ist sie, mein Herr.

—Thank you for the coffee, Henry.
[θänk ju foː ðə 'koffi, 'henri.]
Danke für den Kaffee, Henry.

—You're welcome. It's a pleasure. Goodbye.
['juə 'uelkam. its ə 'pleschə. gud'bai.]
Gern geschehen. Es ist (mir) ein Vergnügen. Auf Wiedersehen.

—So long.
[sou long.]
Bis demnächst.

Das wichtige it

Achten Sie eil darauf, wie häufig im Englischen das Wörtchen *it* – „es" verwendet wird. Man kann es immer dann einsetzen, wenn man eine Sache, eine Handlung oder ein Problem nicht immer wieder beim Namen nennen will – stattdessen setzt man einfach das *it* ein.

Is it good? – Ist es gut?
Yes, it's good. – Ja, es ist gut.

Abkürzungen

Sie haben sicherlich den Gebrauch des Apostrophs bemerkt, der anzeigt, daß eeine Zusammenziehung von mehreren Vokalen handelt, besonders in Kombonationen von Verben mit dem Ende der Personalpronomen:

> *is not – isn't*
> *it is – it's*
> *you are – you're*

Die Verwendung der Abkürzungen ist so wichtig für ein gutes Englisch, daß Sie sich von Anfang an daran gewöhnen sollten. Wir werden im Laufe der Lektionen noch wiederholt darauf hinweisen.

TESTEN SIE IHR ENGLISCH

Ordnen Sie die deutschen Übersetzungen den englischen Sätzen zu. Vergleichen Sie die Lösungen am Fuß der Seite. Für jede richtige Antwort erhalten Sie 10 Punkte.

1. This way.	A	Sofort.
2. This is fine.	B	Die Rechnung, bitte.
3. With much pleasure.	C	Bis demnächst.
4. Right away.	D	Keine Ursache.
5. Here it is.	E	Verzeihung.
6. You're welcome.	F	Das ist schön.
7. See you later.	G	Hier entlang.
8. Excuse me.	H	Dieser Tisch ist frei.
9. The bill, please.	I	Hier ist sie.
10. This table is free.	J	Mit (viel) Vergnügen.

Auflösung: 1–G; 2–F; 3–J; 4–A; 5–I; 6–D; 7–C; 8–E; 9–B; 10–H

Ergebnis: _____ %

step 1 ORTE UND GEGENSTÄNDE

A hotel, a restaurant, a theatre, a bank.
[ə ho'tel, ə 'restrant, ə 'θietə, a 'bänk]
Ein Hotel, ein Restaurant, ein Theater, eine Bank.

Is this a restaurant?
[iz ðis ə 'restrant?]
Ist das ein Restaurant?

Yes, it's a restaurant.
[jes, its ə 'restrant.]
Ja, das ist ein Restaurant.

Is this a theatre?
[iz ðis ə 'θietə?]
Ist das ein Theater?

No, it is not.
[nou, 'itiz not.]
Nein, das ist es nicht.

Verbundene Wörter
Wie Ihnen sicherlich aufgefallen ist, haben wir die Lautschrift für die Wörter *it is* wie <u>ein</u> Wort abgedruckt. Der Grund dafür ist der folgende: Im Englischen werden viele Wörter in der Aussprache so verbunden, daß sie für einen Fremden wie ein einziges Wort klingen. Wenn Sie sich diese Besonderheit der englischen Sprache zu eigen machen, sind Sie dem Ziel einer perfekten Aussprache schon ein gutes Stück näher!

Is this a hotel?
[iz ðis ə ho'tel?]
Ist das ein Hotel?

No, it isn't.
[nou, it'iznt.]
Nein, das ist es nicht.

No und not

Um eine Frage mit „Ja" oder „Nein" zu beant-
worten, wird *yes* und *no* benutzt. Handelt es sich
jedoch um die Verneinung eines Verbes, wird *not*
benutzt.

He is not Mr. Jones. – Er ist nicht Mr. Jones.

Manchmal wird *is not* zusammengezogen zu
isn't.

He isn't here. – Er ist nicht hier.

What is it?
[uot 'izit?]
Was ist es?

It's a bank.
[its ə bänk.]
Es ist eine Bank.

A car, a taxi, a bus.
[ə kaː, ə 'täxi, ə bas.]
Ein Auto, ein Taxi, ein Bus.

Is this a taxi?
[iz ðis a 'täxi?]
Ist das ein Taxi?

Yes, it is a taxi.
[jes, it'iz ə 'täxi.]
Ja, das ist ein Taxi.

A movie theatre,
[ə 'muːvi 'θiətə,]
Ein Kino,

a store, a museum.
[ə stoː, ə mju'siəm.]
ein Laden, ein Museum.

Is this a store?
[iz ðis ə stoː?]
Ist das ein Laden?

Yes, it's a store.
[jes, its ə stoː.]
Ja, das ist ein Laden.

Is this a museum?
[iz ðis ə mjuˈziəm?]
Ist das ein Museum?

No, it's not a museum.
[nou, its not ə mjuˈziəm.]
Nein, das ist kein Museum.

It's a movie theatre.
[its ə ˈmuːvi ˈθiətə.]
Es ist ein Kino.

A street, an avenue, a statue.
[ə striːt, ənˈävənjuː, ə ˈstätju.]
Eine Straße, eine Allee, ein Statue.

What street is this?
[uot striːt iz ðis?]
Welche Straße ist das?

It's Fifth Avenue.
[its fifθ ˈävənju.]
Es ist die Fifth Avenue.

What statue is this?
[uot ˈstätju iz ðis?]
Was für eine Statue ist das?

It's the Statue of Liberty.
[its ðe ˈstätju ov ˈlibəti.]
Es ist die Freiheitsstatue.

Das th

Wie Sie bemerkt haben, kommt die Buchstaben-
kombination *th* im Englischen recht häufig vor,
sei es am Anfang oder in der Mitte eines Wortes.
Um das *th* richtig auszusprechen, sollten Sie es
wie ein lispelndes „s" sprechen. Es gibt eine
stimmhafte Variante, die wir mit dem Buchstaben
[ð] kennzeichnen, und eine stimmlose, für die
das Lautschrift-Zeichen [θ] steht.

—Is this the bus to the airport?
 [iz ðis ðe bas tu ði 'äəpoːt?]
 Ist das der Bus zum Flughafen?

—Yes, it is.
 [jes, itˈiz.]
 Ja, das ist er.

BEISPIELUNTERHALTUNG:
EINE FAHRT MIT DEM TAXI

—Taxi, are you free?
  ['täksi, aː ju friː?]
  Taxi, sind Sie frei?

—Yes, sir.
  [jes, sɜ.]
  Ja, mein Herr.

  Where are you going?
  [ueə a juː 'gouing?]
  Wo wollen Sie hin?

Betonte Silben
In der zweiten Zeile werden betonte Silben mit
der Voranstellung des Zeichens ['] gekenn-
zeichnet.

—To the Hotel Washington.
  [tu ðə ho'tel 'uoschingtən.]
  Zum Hotel Washington.

  Is it far?
  ['izit faː?]
  Ist das weit?

—No, sir.
  [nou, sɜ.]
  Nein, mein Herr.

  It is not far.
  [it iz not faː,]
  Es ist nicht weit.

It's near.
[its niə.]
Es ist nah.

—Excuse me.
[iks'kjuːz mi.]
Entschuldigen Sie.

Where is the Hotel Mayflower?
['ueəriz ðe ho'tel 'mäiflauer?]
Wo ist das Hotel Mayflower?

—Over there,
['ouvə ðeə,]
Da drüben,

on the left.
[on ðe left.]
auf der linken Seite.

—Is it a good hotel?
['izit ə gud ho'tel?]
Ist es ein gutes Hotel?

A good hotel
Als Deutscher muß man sich an eine Besonderheit der englischen Sprache gewöhnen:
Wenn am Ende eines Wortes ein *-b,* ein *-d,* ein *-g* oder ein *-v* steht, wird dieser Laut nicht wie im Deutschen stimmlos („hart") ausgesprochen, sondern genauso stimmhaft („weich"), als stünde er am Anfang oder in der Mitte des Wortes.
Das Wort *Bob*, das im Deutschen normalerweise [bop] ausgesprochen würde, lautet also im Englischen [bob].

—Yes, sir.
[jes, sɜ.]
Ja, mein Herr.

It's very good…
[its 'veri gud…]
Es ist sehr gut…

and very expensive.
[änd 'veri iks'pensiv.]
und sehr teuer.

> **Ein Wort im Englischen – drei im Deutschen**
> Der Artikel *the* kann mit „der", „die" oder „das"
> übersetzt werden. Die Pluralform der Adjektive
> existiert im Englischen nicht.
>
> > *The big house.* – Das große Haus.
> > *The big houses.* – Die großen Häuser.
>
> Die Adjektive stehen, wie im Deutschen, vor den
> dazugehörigen Substantiven.

—Where is the National Museum?
[ueəriz ðe 'näschənəl mju'ziːəm?]
Wo ist das National-Museum?

—At the end of this street,
[ät ði end ov ðis striːt,]
Am Ende dieser Straße,

on the right.
[on ðe rait.]
auf der rechten Seite.

—There it is.
['ðerit'iz.]
Da ist es.

> **Vergessen Sie nicht, die Wörter zu verbinden!**
> Der Satz *There it is* ist ein weiteres schönes
> Beispiel dafür, wie im Englischen mehrere Wörter
> so ausgesprochen werden, als wären sie nur ein
> Wort.

That big building
[ðät big 'bilding]
Dieses große Gebäude

on the other side of the street.
[on ði 'aðə said ov ðe stri:t.]
auf der anderen Straßenseite.

—Here we are, sir.
[hiə ui a:, sɜ.]
Da sind wir, mein Herr.

This is the Hotel Washington.
[ðis iz ðe ho'tel 'uoschingtən.]
Das ist das Hotel Washington.

—Very good.
['veri gud.]
Sehr gut.

Thank you.
[θänk ju.]
Dankeschön.

—How much is it?
[hau matsch 'izit?]
Wieviel macht das?

—Four Dollars.
[fo: 'dola:z.]
Vier Dollar.

—Let's see.
[lets si:.]
Mal sehen.

One, two, three, four ... and five.
[uan, tu:, θri:, fo: ... änd faiv.]
Eins, zwei, drei, vier ... und fünf.

—Thank you very much, sir.
 [θänk ju 'veri matsch, sɜ.]
 Vielen Dank, mein Herr.

—You're welcome.
 [juə 'uelkam.]
 Gern geschehen.

Höflichkeitsformeln
Die Wörter *gentleman* – „Herr" und *lady* –
„Dame" werden nicht als direkte Anrede benutzt.
Man verwendet stattdessen *sir* für Männer,
madam für Frauen und *miss* für ledige Frauen.
Kennt man den Nachnamen einer Person, redet
man sie mit *Mr., Mrs.* oder *Miss* plus Nachname
an. Die Ausprache der drei Abkürzungen ist:
Mister, Missis und Miss.
„Bitte" oder „Nicht der Rede wert" wird mit
You're welcome oder oft auch mit *Don't mention
it* übersetzt. *Welcome* heißt auch „Willkommen",
wie in

> *Welcome to the United States.* – „Willkom-
> men in den U.S.A."

TESTEN SIE IHR ENGLISCH

Übersetzen Sie die folgenden Sätze ins Englische. Vergleichen Sie die Ergebnisse mit den unten angeführten Lösungen. Geben Sie sich 10 Punkte für jede richtige Übersetzung.

1. Wohin gehen Sie? _____

2. Es ist nicht weit. _____

3. Wo ist das National Museum? _____

4. Es ist sehr teuer. _____

5. Da ist es. _____

6. Ist das ein gutes Hotel? _____

7. Das ist ein Kino. _____

8. Was macht das? _____

9. Es ist nah. _____

10. Entschuldigen Sie. _____

    Welche Straße ist das? _____

Auflösung: 1. Where are you going? 2. It's not far. 3. Where is the National Museum? 4. It's very expensive. 5. There it is. 6. Is it a good hotel? 7. This is a movie theatre. 8. How much is it? 9. It's near. 10. Excuse me. What street is it?

Ergebnis: _____ %

step 2   DAS PRÄSENS DER VERBEN

Examples of the verb *to be*:
[ik'zampelz ov ðə vɜb tu biː]
Beispiele des Verbs „sein":

—What country are you from?
  [uot 'kantri aː ju from?]
  Aus welchem Land kommen Sie?

—We are from different countries.
  [ui aː from 'difrənt 'kantriːz.]
  Wir kommen aus verschiedenen Ländern.

  I am from Germany
  [ai äm from 'dschɜmeni]
  Ich komme aus Deutschland

  and my wife is from Austria.
  [änd mai uaif iz from 'oːstria.]
  und meine Frau ist aus Österreich.

—Is Mr. Vogel German, too?
  [iz 'mistə 'fogel 'dschɜmen, tuː?]
  Ist Herr Vogel auch Deutscher?

„Sein" – to be

Das Verb *to be* wird mit „sein" übersetzt:

I am	ich bin
you are	du bist
he/she/it is	er/sie/es ist
we are	wir sind
you are	ihr seid
they are	sie sind

Das Pronomen *it* wird benutzt, wenn es nicht klar ist, ob es sich um ein männliches oder weibliches Substantiv handelt oder wenn es sich um ein Tier oder Ding handelt.

—No, he is Austrian.
 [nou, hiːz 'oːstriən.]
 Nein, er ist Österreicher.

—Who is the lady
 [hu iz ðə 'läidi]
 Wer ist die Dame,

 who is with him?
 [hu iz uið him?]
 die bei ihm ist?

—She is his wife.
 [schi iz hiz uaif.]
 Sie ist seine Frau.

 She is English.
 [schi iz 'inglisch.]
 Sie ist Engländerin.

—Who are those people?
 [hu aː ðouz 'piːpəl?]
 Wer sind diese Leute?

—They are Mr. and Mrs. Wilson.
 [ðei aː 'mistə änd 'misiz 'uilsən.]
 Das sind Herr und Frau Wilson.

 They are Americans.
 [ðei aː ə'merikənz.]
 Sie sind Amerikaner.

 They are from California.
 [ðei aː from käli'foːnja.]
 Sie kommen aus Kalifornien.

—Are those their children?
[aː ðouz ðeə 'tschildren?]
Sind das ihre Kinder?

—The tall child is their son.
[ðə toːl tschaild iz ðeə san.]
Das große Kind ist ihr Sohn.

The other children are his friends.
[ði 'aðer 'tschildren aː hiz frendz.]
Die anderen Kinder sind seine Freunde.

Das Possessivpronomen
(besitzanzeigendes Fürwort)
Die Possessivpronomen sind im Singular und
Plural gleich:

my	mein/meine
your	dein/deine
his/her/its	sein/seine/ihr/ihre
our	unser/unsere
their	ihr/ihre

The verb *to speak:*
[ðe vɜb tu spiːk:]
Das Verb „sprechen":

—Do you speak English, madam?
[du ju spiːk 'inglisch, mädem?]
Sprechen Sie Englisch, meine Dame?

—Yes, I speak English.
[jes, ai spiːk 'inglisch.]
Ja, ich spreche Englisch.

—Does your husband speak English, too?
[daz juə 'hazbend spiːk 'inglisch, tuː?]
Spricht ihr Mann auch Englisch?

Yes, he speaks English and French also.
[jes, hi spiːks 'inglisch änd frentsch 'oːlsou.]
Ja, er spricht Englisch und auch Französisch.

Nur zwei verschiedene Verbformen

Im Gegensatz zum Deutschen gibt es im Englischen nur zwei verschiedene Verbformen – der dritten Person Singular wird im Präsens (Gegenwart) ein *-s* angehängt.

I speak	ich spreche
you speak	du sprichst
he/she/it speaks	er/sie/es spricht
we speak	wir sprechen
you speak	ihr sprecht
they speak	sie sprechen

Wie Sie sehen, ist das Englische in vielem einfacher als das Deutsche.

Fragen mit do

Um Fragen zu stellen, werden die Wörter *does* für die dritte Person Singular (er/sie/es) und *do* für die restlichen Personen benutzt. Nur *to be* (sein) ist eine Ausnahme:

Am I?	Bin ich?
Are you?	Bist du?
Is he?	Ist er?
Are we?	Sind wir?
Are you?	Seid ihr?
Are they?	Sind sie?

My father and mother
[mai 'faːðə änd 'maðə]
Mein Vater und meine Mutter

speak only German.
[spiːk 'ounli 'dschɜmən.]
sprechen nur Deutsch.

They do not speak English.
[ðei du not spiːk 'inglisch.]
Sie sprechen kein Englisch.

—Does your daughter speak English?
[daz yuə 'dɔːtə spiːk 'inglisch?]
Spricht ihre Tochter Englisch?

—No, she does not speak it yet.
[nou, schi daz not spiːk it jet.]
Nein, sie spricht es noch nicht.

We do not speak English at home.
[ui du not spiːk 'inglisch ät houm.]
Wir sprechen kein Englisch zu Hause.

> **Die Verneinungsform do not**
> Die Verneinung des Präsens wird für alle Verben
> mit der Voranstellung von *do not* oder *does not*
> gebildet.
> Im Präsens verändert sich die Grundform des
> Verbs nicht, mit Ausnahme des angehängten -*s*
> bei der dritten Person Singular *(he, she, it)*.
> Andere Ausnahmen sind:
> *is (to be* – „sein") und *has (to have* – „haben").
> Manche andere Verben verändern nur die
> Schreibweise (nicht die Aussprache) des letzten
> Buchstabens, was wir Ihnen im Folgenden erläu-
> tern werden.

Examples of other verbs:
[ik'zampelz ov 'aðer vɜbz:]
Beispiele anderer Verben:

—Mrs. Schmidt, this is my friend Gorden Baker.
['missiz schmit, ðis iz mai frend 'gɔːdən 'bäiker.]
Frau Schmidt, das ist mein Freund Gordon Baker.

Mrs. Schmidt comes from Germany.
['missiz schmit kamz from 'dschɜməni.]
Frau Schmidt kommt aus Deutschland.

—How do you do, Mr. Baker?
[hau du ju du, 'mistə 'bäiker?]
Wie geht es Ihnen, Mr. Baker?

—I am happy to meet you, Mrs. Schmidt.
[ai äm 'häppi to miːt ju, 'missiz schmit.]
Ich freue mich, Ihre Bekanntschaft zu machen, Frau Schmidt.

Höflichkeitsformeln
Obwohl *How do you do* wörtlich „Wie geht es Ihnen" bedeutet, wird dieser Satz auch sehr häufig benutzt, wenn man jemandem vorgestellt wird. (Die Formel, die Mister Baker benutzt, ist noch höflicher.)

Welcome to New York.
['uelkam tu nju joːk.]
Willkommen in New York.

Is this your first visit here?
[iz ðis yuə fɜst 'vizit hiə?]
Ist das Ihr erster Besuch hier?

—No, my husband
[nou, mai 'hazbend]
Nein, mein Mann

comes here frequently on business,
[kamz hiə 'friːkuəntli on 'biznəs,]
kommt oft geschäftlich hierher,

and I usually come too.
[änd ai 'juschəli kam tuː]
und ich komme gewöhnlich auch.

Eine nützliche Endung
Die Endung -*ly* kennzeichnet die Adverbien, daher ist es leicht, englische Adverbien zu erkennen. Einige Beispiele:

rapidly	schnell
generally	generell
usually	gewöhnlich
possibly	möglicherweise
frequently	oft
naturally	natürlich

directly	direkt
legally	legal
correctly	richtig
absolutely	unbedingt

—Do you like New York?
[du ju laik nju jo:k?]
Mögen Sie New York?

—I like it very much.
[ai laik it 'veri matsch.]
Ich mag es sehr.

The shops are beautiful.
[ðe schops a: 'bju:tiful.]
Die Läden sind wunderschön.

And there are so many things to do.
[änd ðəra: sou mäni θingz tu du:.]
Und es gibt so viele Dinge, die man tun kann.

> **To do – tun, machen**
> Abgesehen von seiner Funktion als Fragewort
> und Umschreibung für die Verneinung besitzt
> *to do* auch eine Grundbedeutung: „tun, ma-
> chen".
> Die Frage *Does he do it?* – „Tut er es?" enthält
> beide Bedeutungen dieses Verbes. Bei *does*
> erleichtert das zwischengefügte -*e*- die Aus-
> sprache des Wortes, was auch bei *to go* der
> Fall ist.
>
> *He (she, it) goes.* – Er (sie, es) geht.

—Do you often go to the department stores?
[du: ju 'often gou tu ðe di'pa:tment sto:z?]
Gehen Sie oft in die Kaufhäuser?

—Certainly!
['sətənli!]
Sicher!

I like to buy many things there.
[ai laik tu bai 'mäni θingz ðeə.]
Ich mag es, dort viele Dinge zu kaufen.

But my husband does not like to go shopping.
[bat mai 'hazbend daz not laik tu gou 'schopping.]
Aber mein Mann mag es nicht, einkaufen zu gehen.

—Naturally.
['nätschurəli.]
Natürlich.

Men generally don't like
[men 'dschenereli dount laik]
Männer mögen es generell nicht,

to go shopping in department stores,
[tu gou 'schopping in di'paːtment stoːz,]
in Kaufhäusern einkaufen zu gehen,

especially in expensive ones.
[i'speschəli in iks'pensiv uanz.]
besonders nicht in teuren.

Die Personalpronomen als direktes Objekt

Die Personalpronomen verändern sich, wenn sie zum direkten Objekt werden, wie folgt:

I – me	ich – mich
you – you	du – dich
he – him	er – ihn
she – her	sie – sie
it – it	es – es
we – us	wir – uns
they – them	sie – sie

BEISPIELUNTERHALTUNG:
IN EINEM BÜRO

MR. MARTIN:
   Good morning.
   [gud 'moːning.]
   Guten Morgen.

   Is this Mr. Hart's office?
   [iz ðis 'mistə haːts 'offis?]
   Ist dies das Büro von Mister Hart?

> **Das Genitiv-s**
> Das Anhängen des -s an ein Substantiv oder an
> einem Namen kennzeichnet den Besitz.
>
> > *The woman's hat.* – Der Hut der Frau.
> > *Dick's car.* – Dicks Auto.
> > *A man's suit.* – Ein Männeranzug.

SECRETARY:
   Yes, sir.
   [jes, sɜ.]
   Ja, mein Herr.

   I am his secretary.
   [ai äm hiz 'sekretäri.]
   Ich bin seine Sekretärin.

MR. MARTIN:
   Is Mr. Hart in his office today?
   [iz 'mistə haːt in hiz 'offis tu'däi?]
   Ist Mister Hart heute in seinem Büro?

SECRETARY:
Yes, he is.
[jes, hi iz.]
Ja, er ist da.

Do you have an appointment with him?
[du ju häv ən ə'pointment uið him?]
Haben sie eine Verabredung mit ihm?

Pronomen und Präpositionen
Wenn Pronomen direkt nach einer Präposition
kommen, werden sie zum indirekten Objekt und
verändern ihre Form.

me	mir
you	dir
him	ihm
her	ihr
it	ihm
us	uns
them	ihnen

MR. MARTIN:
No, I haven't.
[nou ai 'hävnt.]
Nein, habe ich nicht.

No, I haven't
Anstatt die Frage mit einem schlichten *No* zu
verneinen, antwortet Mr. Hart: *No, I haven't* –
wörtlich „Nein, ich habe nicht".
Dies ist auf der einen Seite eine Frage der Höflichkeit. Für „englische Ohren" würde es beinahe
grob klingen, nur „nein" zu sagen.
Andererseits ist es auch eine im Englischen weit
verbreitete Gepflogenheit, an viele Äußerungen
die entsprechende Wiederholung mit den Hilfsverben *to be, to do* oder *to have* anzuhängen.
Hier einige Beispiele:

Have you...?

No, I haven't	Yes, I have
Nein	Ja

Do you...

No, I don't	Yes, I do
Nein	Ja

Did you...

No, I didn't	Yes, I did
Nein	Ja

Are you...?

No, I'm not	Yes, I am
Nein	Ja

Die Wahl des jeweiligen Hilfsverbs ist nätürlich nicht willkürlich, sondern hängt von dem Hilfsverb ab, das in der vorhergegangenen Frage verwendet wurde.

But I'm a friend of Mr. Hart's.
[bat aim ə frend ov mistə haːts.]
Aber ich bin ein Freund von Mister Hart.

Here's my card.
[hiəz mai kaːd.]
Hier ist meine Karte.

Is it possible to see him?
['izit 'possibəl tu siː him?]
Ist es möglich, ihn zu sehen?

SECRETARY:

I think he's in a conference.
[ai θink hiːz in ə 'konfrens.]
Ich glaube, er ist in einer Konferenz.

Der Engländer ist manchmal lakonisch
Manchmal fällt das Wort *that* („daß") in der Umgangssprache weg. Man weiß, daß die Sekretärin meint:

I think that... – ich glaube, daß...

Please wait a moment.
[pliːz uäit ə 'moument.]
Bitte warten Sie einen Augenblick.

(She speaks on the telephone.)
[schi spiːks on ðe 'telefoun.]
(Sie telefoniert.)

Hello! Mr. Hart?
[he'lou! 'mistə haːt?]
Hallo! Mister Hart?

Are you busy now?
[aː ju 'bizi nau?]
Sind Sie gerade beschäftigt?

Mr. William Martin is here.
[mistə 'uiljəm maːtən iz hiə.]
Mister William Martin ist hier.

Very well, Mr. Hart.
['veri uell, 'mister haːt.]
Sehr gut, Mister Hart.

Immediately.
[i'midjətli.]
Sofort.

He's free now, Mr. Martin.
[hiːz friː nau, 'mistə 'maːtən.]
Er hat jetzt Zeit, Mister Martin.

Come this way, please.
[kam ðis uäi, pliːz.]
Bitte hier entlang.

MR. MARTIN:
Thank you.
[θänk ju.]
Danke.

You're very kind.
[juə 'veri kaind.]
Sie sind sehr freundlich.

Die Zusammenziehungen

Wie Sie bemerkt haben, haben wir die im Englischen üblichen Zusammenziehungen recht häufig benutzt.

Der Grund dafür ist, daß Sie sich daran gewöhnen müssen, um sie in der täglichen Unterhaltung verstehen zu können. Im schriftlichen Sprachgebrauch sind sie eher selten, aber die Umgangssprache sprechen und verstehen zu können, sollte Ihnen am Anfang das wichtigste sein.

Es wird Ihnen leicht fallen, selbst wenn noch so schnell gesprochen wird, wenn Sie sich mit den Zusammenziehungen vertraut machen. Die Zusammenziehungen der Verben *to be* und *to have* mit Pronomen sind folgende:

I am	*I'm*
you are	*you're*
he (she, it) is	*he's (she's, it's)*
I am not	*I'm not*
you are not	*you're not*
he (she, it) is not	*he (she, it) isn't*
I have	*I've*
you have	*you've*
I have not	*I haven't*
you have not	*you haven't*
he (she, it) has not	*he (she, it) hasn't*
I do not	*I don't*
you do not	*you don't*
he (she, it) does not	*he (she, it) doesn't*

Die Zusammenziehungen der Pronomen *they* und *we* stimmen mit denen von *you* überein.

TESTEN SIE IHR ENGLISCH

Ordnen Sie die deutschen Übersetzungen den englischen Sätzen zu. Schreiben Sie den richtigen Buchstaben in die Lücke hinter der Ziffer. Berechnen Sie 10 Punkte für jede richtige Antwort.

1. What country are you from?	A	Sie ist Engländerin.
2. We are from different countries.	B	Aus welchem Land kommen Sie?
3. Who are those people?	C	Sie sind Amerikaner.
4. She is English.	D	Sprechen Sie Englisch?
5. They are Americans.	E	Es gefällt ihnen, Französisch zu sprechen.
6. Do you speak English?	F	Wer sind diese Leute?
7. They like to speak French.	G	Wir kommen aus verschiedenen Ländern.
8. This is my friend.	H	Gehen Sie gerne einkaufen?
9. Do you like to go shopping?	I	Warten Sie einen Augenblick, bitte.
10. Please wait a moment.	J	Das ist mein Freund.

1. ___ , 2 ___ , 3 ___ , 4 ___ , 5 ___ , 6 ___ , 7 ___ , 8 ___ , 9 ___ , 10 ___ .

Auflösung: 1-B, 2-G, 3-F, 4-A, 5-C, 6-D, 7-E, 8-J, 9-H, 10-I.

Ergebnis: _____ %

31

step 3

ZAHLWÖRTER UND IHR GEBRAUCH

The numbers:
[ðe 'nambəz:]
Die Zahlen:

1	2	3	4
one	two	three	four
[uan]	[tu]	[θri:]	[fo:]

5	6	7	8
five	six	seven	eight
[faiv]	[siks]	['seven]	[eit]

9	10
nine	ten
[nain]	[ten]

From ten to twenty:
[from ten tu 'tuenti:]
Von zehn bis zwanzig:

11	12	13	14
eleven	twelve	thirteen	fourteen
[i'leven]	[tuelv]	[θɜti:n]	[fo:ti:n]

15	16	17	18
fifteen	sixteen	seventeen	eighteen
['fifti:n]	['siksti:n]	['seventi:n]	['eiti:n]

19	20
nineteen	twenty
[nainti:n]	['tuenti]

After twenty:
['a:ftə tuenti:]
Nach zwanzig:

21	22	23 etc.
twenty-one	twenty-two	twenty-three etc.
[tuenti'uan]	[tuenti'tu]	[tuenti'θri: et'setera.]

And then:	30	31
	thirty	thirty-one
[änd ðen:]	['θɜti:]	[θɜti'uan]
Und dann:		

40	50	60
forty	fifty	sixty
['fɔːti]	['fifti]	['siksti]

70	80	90
seventy	eighty	ninety
[seventi]	[eiti]	[nainti]

100	101	102
one hundred	a hundred and one	a hundred and two
[uan 'handred]	[ə 'handred änd uan]	[ə 'handred änd tu]

200	300	400
two hundred	three hundred	four hundred]
[tu 'handred]	[θri: 'handred]	[fɔː 'handred]

500	600	700
five hundred	six hundred	seven hundred
[faiv 'handred]	[siks 'handred]	[seven 'handred]

800	900	1000
eight hundred	nine hundred	one thousand
[eit 'handred]	[nain 'handred]	[uan 'θausend]

10,000	100,000	1,000,000
ten thousand	one hundred thousand	a million
[ten 'θausend]	[uan 'handred θausend]	[ə 'miliən]

Hunderte, Tausende und Millionen
Beachten Sie, daß man, wie im Deutschen, das
Wort *and* benutzt, wenn der Hundert eine andere
Ziffer folgt. Bei Zahlen über 999 wird an die Stel-
le, wo im Deutschen ein Punkt steht, ein Komma
gesetzt (1,000).

Numbers are very important.
['nambers aː 'veri im'poː tənt.]
Zahlen sind sehr wichtig.

In stores:
[in stoːz:]
In Geschäften:

A customer:
[ə 'kastəmer:]
Ein Kunde:

How much is this?
[hau matsch iz ðis?]
Wie teuer ist das?

The sales clerk:
[ðe säilz klaːk:]
Der Verkäufer:

Six and a half dollars, madam.
[siks änd ə haːf 'dollaːz, 'mädəm.]
Sechseinhalb Dollar, meine Dame.

The customer: Very well.
[ðe 'kastəmer: 'veri uel.]
Der Kunde: Sehr gut.

Have you change for a fifty dollar bill?
[häv ju tscheindsch 'foːrə 'fifti 'dollaː bill?]
Können Sie einen Fünfzigdollarschein wechseln?

On the telephone:
[on ðe 'teləfoun:]
Am Telefon:

A VOICE:
[ə vois:]
Eine Stimme:

Hello! Who is speaking?
[he'lou! hu iz 'spi:king?]
Hallo! Wer spricht da?

SECOND VOICE:
['sekənd vois:]
Zweite Stimme:

Is this 683-4075?
[iz ðiz siks eit θri: 'fo:rou 'seven faiv?]
Ist da 683-4075?

FIRST VOICE:
No. This is 683-4079.
[nou. ðiz iz siks eit θri: 'fo:rou 'seven nain.]
Nein, hier ist 683-4079.

SECOND VOICE:
Oh! I'm sorry!
[ou! aim 'sorri!]
Oh! Entschuldigen Sie.

Wrong number!
[rong 'nambə!]
Ich habe mich verwählt!

Einige Wörter zum Thema Telefon
Information, please – Information, bitte
Long distance – Ferngespräch
Overseas call – Gespräch aus dem Ausland

For addresses:
[fɔːrə'dressiz:]
Für Adressen:

—What is your address, please?
[uot iz jurə'dress, pliːz?]
Wie ist Ihre Adresse, bitte?

—144 5th Avenue.
[uan 'fɔːti fɔː fifθ 'ävenju.]
144 5th Avenue.

We are on the fifth floor.
[uiː aː on ðe fifθ flɔː]
Wir sind im fünften Stock.

Apartment 5C.
[ə'paːtmənt faiv siː]
Appartment 5C.

Erster, zweiter, etc.
Die Ordnungszahlen von 1 bis 10 lauten folgendermaßen:

first – erster	*sixth* – sechster
second – zweiter	*seventh* – siebenter
third – dritter	*eighth* – achter
fourth – vierter	*ninth* – neunter
fifth – fünfter	*tenth* – zehnter

In an elevator
Wichtige Wörter, die man im Aufzug benutzen kann sind *up* (aufwärts), *down* (abwärts) und manchmal *out of order* (außer Betrieb).

To tell the time:
[tu tell ðe taim:]
Um die Uhrzeit zu sagen:

What time is it?
[uot taim 'izit?]
Wie spät ist es?

It's seven o' clock.
[its 'seven ə klok.]
Es ist sieben Uhr.

It's five minutes past seven.
[its faiv 'minits paːst 'seven.]
Es ist fünf nach sieben.

It's ten past seven.
[its ten paːst 'seven.]
Es ist zehn nach sieben.

… a quarter past seven.
[… ə 'kuoːtə paːst 'seven.]
… viertel nach sieben.

...half past seven.
[… haːf paːst 'seven.]
… halb acht.

...twenty to eight.
[… 'tuenti tu eit.]
… zwanzig vor acht.

...a quarter to eight.
[… ə 'kuoːtə tu eit.]
… viertel vor acht.

Now it's eight o'clock.
[nau its eit ə klok.]
Jetzt ist es acht Uhr.

Wenn man die Uhrzeit sagt

Das Wort *o'clock* ist die abgekürzte Form von *of clock* und bedeutet wörtlich „laut Uhr" – im übertragenen Sinne „punkt". Es zeigt also die volle Stunde an.

Es ist punkt drei Uhr … *It's three o'clock.*

Statt der Wörter *past* und *to* kann man auch nur die Zahlen sagen, wie zum Beispiel:

eight twenty-five – acht Uhr fünfundzwanzig
nine fourty-five – neun Uhr fünfundvierzig

Lassen Sie sich übrigens nicht verwirren, wenn
Sie einmal Ausdrücke wie *half seven* hören –
dies heißt nicht, wie man vermuten möchte,
„halb sieben" (also 6.30 Uhr), sondern es ist
eine abgekürzte Form von *half past seven* –
„halb acht"!

To make appointments:
[tu meik ə'pointments:]
Um Verabredungen zu treffen:

Let's meet at five tomorrow.
[lets miːt ät faiv ə klok tu'morrou.]
Wir treffen uns morgen um fünf Uhr.

That's a good idea.
[ðäts ə gud ai'diə.]
Das ist eine gute Idee.

But where?
[bat ueə?]
Aber wo?

At the railroad station.
[ät ðe 'reilroud 'steischən.]
Am Bahnhof.

In front of the information booth.
[in front ov ði infor'meischən buːθ.]
Vor dem Informationsschalter.

Viele Wörter sind ähnlich wie im Deutschen
Viele englische Wörter sind leicht zu übersetzen,
weil sie im Deutschen ähnlich sind. Sie unterscheiden sich oft nur in der Rechtschreibung.

nation   *protection*
action   *revolution*

infection *constitution*
construction *institution*

Je mehr Englisch Sie lernen, desto mehr solcher Wörter werden Ihnen begegnen, und Sie werden es leicht finden, sie zu behalten.

But if I don't come at exactly five,
[bat if ai dount kam ät ik'zäktli faiv,]
Aber, wenn ich nicht genau um fünf komme,

please wait a few minutes, O.K.?
[pli:z ueit ǝ fju 'minits, ou kei?]
warten Sie ein paar Minuten, ja?

Befehle erteilen

Die Form des englischen Imperativs ist die gleiche wie die Grundform des Verbes:

> *Come!* – Komm!
> *Wait, please!* – Warten Sie bitte!

Es empfiehlt sich (wiederum aus Gründen der Höflichkeit), immer das Wort *please* zusammen mit dem Imperativ zu verwenden. Der Imperativ wird verneint, indem man *don't* davorsetzt:

> *Don't come!* – Komm' nicht!
> *Please don't wait!* – Bitte warten Sie nicht!

Ein internationales Wort – O.K.

O.K. wird nicht nur in englischsprachigen Ländern benutzt, sondern auch in vielen anderen Ländern. In der englischen Umgangsprache wird es ständig angewandt.

BEISPIELUNTERHALTUNG: AN DER UNIVERSITÄT

A young man speaks
[ə jang män spiːks]
Ein junger Mann spricht

to a young woman.
[to ə jang 'uomən.]
mit einer jungen Frau.

THE YOUNG MAN:
[ðe jang män:]
DER JUNGE MANN:

Good morning, Miss.
[gud 'moːning, mis.]
Guten Morgen, mein Fräulein.

You're a new student here, aren't you?
['jurə nju 'stjudənt hiə, aːnt ju?]
Sie sind eine neue Studentin, nicht wahr?

Question tags

Question tags sind zum Beispiel Formen der Verben *to be* und *to do*, die am Ende eines Satzes stehen. Man kann sie mit „nicht wahr" übersetzen.

> *He is German, isn't he?* – Er ist Deutscher, nicht wahr?
> *They speak German, don't they?* – Sie sprechen Deutsch, nicht wahr?

Wenn Sie im Englischen nicht vergessen, diese *question tags* an die Fragen anzuhängen, wird dies Ihre gute Kenntnis der Sprache beweisen.

THE YOUNG WOMAN:
[ðe jang 'uomən:]
DIE JUNGE FRAU:

> Yes, this is my first term.
> [jes, ðiz iz mai fɜst tɜm.]
> Ja, das ist mein erstes Semester.

THE YOUNG MAN:

> Welcome to the university!
> ['uelkam tu ðe juni'vɜsiti!]
> Willkommen an der Universität.

> I am from the Dean's office.
> [ai äm from ðe diːnz 'offis.]
> Ich bin vom Dekanatsbüro.

> My name is James Carrington.
> [mai näim iz dscheimz 'kärringtən.]
> Mein Name ist James Carrington.

THE YOUNG WOMAN:

> I am very happy to meet you.
> [ai äm 'ueri 'häppi tu miːt ju.]
> Nett, Sie kennenzulernen.

THE YOUNG MAN:

> The pleasure is mine.
> [ðe 'pläʒəriz main.]
> Die Freude ist ganz auf meiner Seite.

> Pardon me, but I need some information
> ['paːdən mi, bat ai niːd sam 'infoːmeischən]
> Entschuldigen Sie, aber ich brauche einige Informationen

> **Non-plural words**
> *Information* gehört zu einer Reihe von englischen Wörtern, die immer im Singular stehen.
> Hüten Sie sich also davor, diese Wörter im Englischen durch das Anhängen eines -s zu Pluralwörtern zu machen!

Hier einige weitere Wörter diese Art:

sheep – Schaf, Schafe
fish – Fisch, Fische

about you and your study program.
['əbaut ju änd jur 'stadi prougrəm.]
über Sie und ihr Studium.

First, what is your name?
[fɜst, uot iz juə neim?]
Zuerst einmal, wie ist Ihr Name?

THE YOUNG WOMAN:

My name is Erskine, Catherine Erskine.
[mai neim iz 'ɜskin, 'käθrin 'ɜskin.]
Mein Name ist Erskine, Catherine Erskine.

What is your name?
Die englischen Ausdrücke für die verschiedenen
Vor- und Zunamen sind:

name = Name
first name = Vorname
middle name = zweiter Vorname
last name oder *family name* = Nachname

THE YOUNG MAN:

Good. What is your study program this semester?
[gud. uot iz juə 'stadi 'prougrəm ðiz se'mester?]
Gut. Wie ist ihr Studienplan in diesem Semester?

THE YOUNG WOMAN:

Elementary French,
[ele'mentəri frentsch,]
Grundkurs Französisch,

Modern History,
['modən 'histəri,]
moderne Geschichte,

English Composition and Literature,
['inglisch kompo'zischən änd 'litrətschə,]
englischer Aufsatz und englische Literatur,

and Biology.
[änd bai'olədschi.]
und Biologie.

Ähnliche Wörter

Beachten Sie, wie sehr die Wörter für die Studienfächer den deutschen Wörtern ähneln:

mathematics	Mathematik
geography	Geographie
sociology	Soziologie
philosophy	Philosophie
psychology	Psychologie
medicine	Medizin
zoology	Zoologie
geology	Geologie
music	Musik

THE YOUNG MAN:

Good. And what is your telephone number?
[gud. änd uot iz juə teli'foun 'nambə?]
Gut. Und wie ist Ihre Telefonnummer?

THE YOUNG WOMAN:

My number is 561-3470.
[mai 'mamber iz faiv siks uan θriː foː 'seven ou.]
Meine Nummer ist 561-3470.

THE YOUNG MAN:

And your address?
[änd jur ə'dress?]
Und Ihre Adresse?

THE YOUNG WOMAN:

My address is 173 Church Street,
[mai a'dres iz uan 'seventi θriː tschətsch striːt,]
Meine Adresse ist 173 Church Street,

43

Apartment 3B.
[ə'paːtment θriː biː.]
Appartment 3B.

THE YOUNG MAN:
That's all.
[ðäts oːl.]
Das ist alles.

Thank you very much.
[θänk ju 'veri matsch.]
Vielen Dank.

Good-bye!
[gud bai!]
Auf Wiedersehen!

A FRIEND OF THE YOUNG WOMAN:
[ə frend ov ðe jang uomən:]
EIN FREUND DER JUNGEN FRAU:
Hi, Catherine!
[hai 'käθrin!]
Hallo Catherine!

Do you know that character?
[du ju nou ðät 'kärəktə?]
Kennst Du diesen Typ?

Ein Wort im Englischen – zwei im Deutschen
Für die Verben „kennen" und „wissen" hat das
Englische nur ein Verb: *to know*.

YOUNG WOMAN:
He is not a character.
[hi iz not ə 'kärəktə.]
Er ist kein Typ.

He's from the Dean's office.
[hiːz from ðe diːnz 'offis.]
Er ist vom Dekanatsbüro.

FRIEND:

Wait a minute!
[ueit ə 'minit!]
Warte einen Moment!

That's a joke.
[ðäts ə dschouk.]
Das ist ein Witz.

It isn't true.
[it 'iznt truː]
Es ist nicht wahr.

He doesn't work in the Dean's office.
[hi 'daznt uɜk in ðe diːnz 'offis.]
Er arbeitet nicht im Dekanatsbüro.

He's a student like us.
['hiːzə 'stjudent laik as.]
Er ist ein Student wie wir.

Be careful, eh?
[biː 'kärful, ei?]
Sei vorsichtig, ja?

TESTEN SIE IHR ENGLISCH

Verbinden Sie die englischen Sätze in der ersten Spalte mit den deutschen in der zweiten. Berechnen Sie zehn Punkte für jede richtige Antwort.

1. Wait a minute.	A Ich brauche einige Informationen.
2. It's not true.	B Wie heißen Sie?
3. What is your telephone number?	C Das ist alles.
4. He is a student.	D Das ist nicht wahr.
5. I need some information.	E Nett, Sie kennenzulernen.
6. Have a nice day!	F Die Freude ist ganz auf meiner Seite.
7. What is your name?	G Warten Sie einen Augenblick.
8. That's all.	H Wie ist Ihre Telefonnummer?
9. The pleasure is mine.	I Einen schönen Tag noch.
10. I am happy to meet you.	J Das ist ein Student.

1. ___ , 2. ___ , 3. ___ , 4. ___ , 5. ___ , 6. ___ , 7. ___ , 8. ___ , 9. ___ , 10. ___ .

Lösungen: 1–G; 2–D; 3–H; 4–J; 5–A; 6–I; 7–B; 8–C; 9–F; 10–E.

Ergebnis: _____ %

step 4 IM BÜRO, ZU HAUSE, IN DER FREIZEIT

—Is there anybody in the office?
  [iz ðeə 'änibadi in ði 'offis?]
  Ist jemand im Büro?

—Yes, there are some people there.
  [jes, ðeər'aː sam 'piːpel ðeə.]
  Ja, da sind ein paar Leute.

—There are eleven people,
  [ðeər'aː i'leven piːpel,]
  Da sind elf Leute,

  seven men and four women.
  ['seven men änd foː 'uimin.]
  sieben Männer und vier Frauen.

Das Plural ohne -s
Obwohl das Plural fast immer mit einem ange-
hängten -s gebildet wird, gibt es einige wichtige
Ausnahmen.

Mann = *man*	Männer = *men*
Frau = *woman*	Frauen = *women*
Kind = *child*	Kinder = *children*
Maus = *mouse*	Mäuse = *mice*
Fuß = *foot*	Füße = *feet*
Zahn = *tooth*	Zähne = *teeth*

People ist ein Pluralwort und bedeutet „Leute".

—What are they doing?
  [uot aː ðei 'duing?]
  Was tun sie?

—They are all working.
[ðei a:r'o:l 'uɜking.]
Sie arbeiten alle.

Some are talking on the telephone.
[sam a: 'to:king on ðe 'telifoun.]
Einige telefonieren.

Others are writing letters on typewriters,
['oðəz a: 'raiting 'lettəz on 'taipraitəz,]
Andere schreiben Briefe auf Schreibmaschinen

or reading reports.
[o: 'ri:ding ri'po:ts.]
oder lesen Berichte.

> **Die Endung -ing**
> Die Verlaufsform wird mit dem Verb *to be* und
> dem Partizip Präsens (Grundform des Verbes mit
> der Endung *-ing*) gebildet. Die Verlaufsform wird
> im Englischen oft benutzt, um eine Handlung zu
> beschreiben, die jetzt in diesem Augenblick ge-
> schieht. Beachten Sie den Unterschied:
>
> > *I go out to lunch at noon.*
> > Ich gehe um 12 Uhr zum Mittagessen.
> > *I am going out to lunch now.*
> > Ich gehe jetzt zum Mittagessen.

Another is working with a computer.
[ən'aðəriz 'uɜking 'uiθə kom'pju:tə.]
Ein anderer arbeitet am Computer.

Now it is five o'clock.
[nau 'itiz faiv ə klok.]
Jetzt ist es fünf Uhr.

Everyone is going home.
['evriuan iz 'gouing houm.]
Jeder geht nach Hause.

At five thirty nobody is in the office.
[ät faiv 'θɜti 'noubadi iz in ði 'offis.]
Um halb sechs ist niemand mehr im Büro.

Somebody – nobody

Das Englische besitzt vier Wörter für „jemand"
und zwei für „niemand":

> jemand = *somebody* oder *someone*
> *anybody* oder *anyone*
> niemand = *nobody* oder *no one*

Bei *nobody* und *no one* wird das Verb nicht verneint, bei *anybody* jedoch schon:

> *There is nobody/no one here* =
> Es ist niemand hier.
> *There isn't anybody here* =
> Es ist niemand hier.

In the living room there are
[in ðe 'livingru:m ðeər'a:]
Im Wohnzimmer gibt es

chairs, a sofa, tables,
[tschäəz, ə 'soufa, teibels,]
Stühle, ein Sofa, Tische,

bookshelves and a television set.
['buckschelvz 'ändə tele'vischən set.]
Bücherregale und einen Fernseher.

The house – das Haus

Die wichtigsten Räume eines Hauses tragen im
Englischen die folgenden Bezeichnungen:

> *living room* = Wohnzimmer
> *dining room* = Eßzimmer
> *kitchen* = Küche
> *hall* = Flur
> *bedroom* = Schlafzimmer
> *bathroom* = Badezimmer

Außerdem gibt es

doors = Türen

stairs = Treppe

windows = Fenster

und natürlich das

mantlepiece = Kaminsims

Is there anything on the large table?
[iz ðeərˈäniθing on ðe laːdsch ˈteibel?]
Ist irgendetwas auf dem großen Tisch?

Large and small
„Groß" und „klein" heißt *big* und *little,* aber auch *large* und *small.*
Letztere werden öfter bei Kleidergrößen, Städten, Bergen etc. benutzt.

Yes, there is something on it,
[jes, ðeərˈiz ˈsamθing on it,]
Ja, da ist etwas drauf,

a lamp, pictures, and flowers.
[ə lämp, ˈpiktschəz änd ˈflauers.]
eine Lampe, Bilder und Blumen.

There is nothing on the small table.
[ðeərˈiz ˈnaθing on ðe smoːl ˈteibel.]
Da ist nichts auf dem kleinen Tisch.

Something, anything, nothing
Diese Wörter beziehen sich auf Dinge (*things*), genauso wie *somebody, anybody* und *nobody* sich auf Menschen beziehen. *Something* und *anything* bedeuten „etwas" oder „irgendetwas".

Gibt es etwas dort? – *Is anything there?*
Nein es gibt nichts. – *No, there is nothing*
bzw. *No there isn't anything.*

Sie sehen, daß das Verb nur bei *anything* verneint wird, *nothing* drückt selbst die Verneinung aus.

A man is sitting on the sofa.
[ə 'mäniz 'sitting on ðe 'soufa.]
Ein Mann sitzt auf dem Sofa.

He is watching television.
[hi iz 'uotsching tele'vischən.]
Er sieht fern.

His wife asks him,
[hiz uaif aːsks him,]
Seine Frau fragt ihn:

"Are you watching anything interesting?"
[aː ju 'uotsching 'äniθing 'intrəsting?]
„Siehst Du gerade etwas interessantes?"

He answers her,
[hi 'aːnsers hɜ,]
Er antwortet ihr:

"Nothing special.
['naθing 'speschəl.]
„Nichts besonderes.

Only the news program."
['ounli ðe njuːz 'prougräm.]
Nur die Nachrichten."

Die Pronomen als indirekte Objekte

Die Pronomen, die als indirekte Objekte verwendet werden, sind: *me, you, him, her, it, us, them*. Sie kennen diese Pronomen schon, denn es sind die selben, die als direktes Objekt verwendet werden. Sie stehen immer hinter dem Verb.

> Sie fragt ihn – *She asks him.*
> Er fragt mich – *He asks me.*
> Fragen Sie sie – *Ask her.*
> Er antwortet uns – *He answers us.*

Beim Verb „sprechen" und bei einigen anderen wird das Wort *to* vor die Pronomen gesetzt.

> Wir sprechen zu ihnen. = *We speak to them.*
> Sie spricht zu mir = *She speaks to me.*

But later they are showing a mystery movie.
[bat 'leitə ðei a: 'schouing ə 'mistəri 'mu:vi.]
Aber später zeigen sie einen Gruselfilm.

> **They say...**
> Das deutsche „man" wird im Englischen oft mit
> *they* („sie") übersetzt.
>
> > *They speak English in Washington.* – Man
> > spricht Englisch in Washington.
> > *They say she is British.* – Man sagt, sie sei
> > Britin.

BOY:
[boi:]
JUNGE:

Mother, is there anything to eat?
['maðə, iz ðer'äniθing tu i:t?]
Mutter, ist etwas zu essen da?

I'm hungry.
[aim 'hangri.]
Ich bin hungrig.

> **Wendungen mit to be**
> Manchmal wird im Englischen bei Redewendun-
> gen statt, „haben" „sein" benutzt.:
>
> > Recht haben – *to be right*
> > Glück haben – *to be lucky*
> > Unglück haben – *to be unlucky*

MOTHER:
['maðə:]
MUTTER:

There's bread and peanut butter
[ðeəz bred änd 'pi:nat 'batə]
Es ist Brot und Erdnußbutter

on the kitchen table.
[on ðe 'kitschen 'teibel.]
auf dem Küchentisch.

And, if you are thirsty,
[änd if ju a: 'θəsti,]
Und, wenn Du durstig bist,

there's milk in the refrigerator.
[ðeəz milk in ðe re'fridschereitə.]
gibt es Milch im Kühlschrank.

> Statt *refrigerator* kann man auch
> *fridge* oder *icebox* sagen.

But don't eat too much now.
[bat dount i:t tu: matsch nau.]
Aber iß jetzt nicht so viel.

We're going to have dinner soon.
[ui:ə gouing tu häv 'dinə su:n.]
Wir essen bald zu Mittag.

BEISPIELUNTERHALTUNG:
EINE EINLADUNG INS KINO

—Hi girls, where are you going?
[hai gɜls uer aː ju gouing?]
Hallo Mädchen, wo geht ihr hin?

—We're going to the movies.
[uiːr gouing tu ðe 'muːviːz.]
Wir gehen ins Kino.

—To which theatre?
[tu uitsch 'θiəter?]
In welches Kino?

—We are going to the Capitol.
[ui aː gouing tu ðe 'kapitəl.]
Wir gehen ins Capitol.

—What film are they giving today?
[uot film aː ðei 'giving tu'dei?]
Welcher Film läuft denn da?

—A new one.
[ə nju uan.]
Ein neuer.

They say it's very funny.
[ðei sei its 'veri 'fani.]
Man sagt er ist sehr lustig.

And it has a wonderful cast.
[änd it hez ə uondəful kaːst.]
Und er hat eine tolle Besetzung.

Why don't you come with us?
[uai dount ju kam uiθ as?]
Warum kommst du nicht mit uns?

Why? = Warum?
Because = weil

—I don't know if I have time.
[ai dount nou if ai hev taim.]
Ich weiß nicht, ob ich Zeit habe.

When does it start?
[uen daz it staːt?]
Wann fängt er an?

—At exactly eight.
[ät ik'sektli eit.]
Um punkt acht.

We have fifteen minutes to get there.
[ui hev 'fiftiːn minəts tu get ðeə.]
Wir haben fünfzehn Minuten, um dorthin zu kommen.

—And do you know when it ends?
[änd do ju nou uen it ends?]
Und wißt ihr, wann er zuende ist?

—It ends a little after ten.
[it ends ə 'litel aːftə ten.]
Er ist kurz nach zehn zuende.

—That's not very late.
[ðäts not 'veri leit.]
Das ist nicht sehr spät.

—Then come with us.
[ðen kam uiθ as.]
Dann komm mit uns.

—Fine! But let me invite you.
[fain bat let mi inːvait ju.]
Toll! Aber laßt mich euch einladen.

Erlaubnis
Let zusammen mit dem direkten Objekt bedeutet „erlauben" oder „lassen".

55

—You are very kind.
[ju a: 'veri kaind.]
Du bist sehr nett.

But that isn't necessary.
[bat ðät iznt 'nesesäri.]
Aber das ist nicht notwendig.

We are too many.
[ui a: tu 'mäni.]
Wir sind zu viele.

> **Too many – too much**
> Sie sollten sich immer den Unterschied zwischen
> *too much* – „zu viel" und *too many* – „zu viele"
> merken – damit zeigen Sie, daß Sie die englische
> Sprache wirklich beherrschen!

Everyone pays for his own ticket.
['evriuan peis fo: hiz oun 'tiket.]
Jeder zahlt sein eigenes Ticket.

We always do it that way.
[ui o:lueis du it ðät uei.]
Wir machen das immer so.

> **Ein Wort im Englischen, mehrere im Deutschen**
> Hier zeigt sich, wie einfach das Englische
> manchmal ist. Das Wort *you* hat im Deutschen
> mehrere Bedeutungen: „du", „Sie", „ihr", „dich",
> „euch".

TESTEN SIE IHR ENGLISCH

Übersetzen Sie die folgenden Sätze ins Englische. Berechnen Sie sich zehn Punkte für jede richtige Antwort.

1. Es sind drei Personen im Büro. _____

2. Was tun sie gerade? _____

3. Sie arbeiten gerade. _____

4. Der Film hat eine tolle Besetzung. _____

5. Er ist sehr lustig. _____

6. Wann fängt er an? _____

7. Sie spricht gerade am Telefon. _____

8. Gibt es etwas zu essen? _____

9. Jetzt ist niemand mehr im Büro. _____

10. Sie fragt ihn. Er antwortet ihr. _____

Ergebnis: _____ %

step 5

ENGLISCH LESEN, SCHREIBEN UND AUSSPRECHEN

This is the English alphabet.
[ðiz iz ði 'inglisch 'älfəbet.]
Dies ist das englische Alphabet.

A	B	C	D
[ei]	[biː]	[siː]	[diː]
E	F	G	H
[iː]	[ef]	[dschiː]	[eidsch]
I	J	K	L
[ai]	[dschei]	[kei]	[el]
M	N	O	P
[em]	[en]	[ou]	[piː]
Q	R	S	T
[kjuː]	[aː]	[es]	[tiː]
U	V	W	
[ju]	[vi]	['dabelju]	
X	Y	Z	
[eks]	[uai]	[zed]	

There are twenty-six letters
['ðeəra: 'tuentisiks 'letəz]
Es gibt sechsundzwanzig Buchstaben

in the English alphabet.
[in ði 'inglisch 'älfəbet.]
im englischen Alphabet.

Das j und das g
Diese beiden Buchstaben könnten Ihnen in der
Ausprache Schwierigkeiten bereiten. Sprechen
Sie sie wie „dsch" aus.

The German alphabet is longer;
[ðe 'dchəmən 'älfəbet iz 'longə;]
Das deutsche Alphabet ist länger;

it has 29 letters.
[it häz 'tuentinain 'letəz.]
es hat 29 Buchstaben.

German has three letters more than English.
['dchəmən häz θri: 'letəz mo: ðän 'inglisch.]
Deutsch hat drei Buchstaben mehr als Englisch.

The English alphabet is shorter than the German.
[ði 'inglisch 'älfəbet iz 'scho:tə ðän ðe 'dchəmən.]
Das englische Alphabet ist kürzer als das deutsche.

It has three letters less.
[it häz θri: 'letəz les.]
Es hat drei Buchstaben weniger.

Which language is easier –
[uitsch 'länguidsch iz 'i:siə –]
Welche Sprache ist einfacher –

English or German?
['inglisch o: 'dchəmən?]
Englisch oder Deutsch?

Der Komparativ der Adjektive
Wenn das Adjektiv weniger als drei Silben hat,
wird die Endung -*er* angehängt:

> *short* – kurz, *shorter* – kürzer
> *long* – lang, *longer* – länger.

Hat das Adjektiv drei und mehr Silben, wird *more*
(„mehr") oder *less* („weniger") davorgesetzt:

Russian is more difficult than English.
Russisch ist schwieriger als Englisch.
English is less difficult than Chinese.
Englisch ist weniger schwierig als
Chinesisch.

English is easy
['inglisch iz 'i:zi]
Englisch ist leicht,

because its grammar is simple.
[bi'ko:z its 'gräma:riz 'simpel.]
weil seine Grammatik einfach ist.

The grammar is more difficult in German.
[ðe 'gräma:riz mo: 'difficəlt in 'dchɜmən.]
Die Grammatik ist im Deutschen schwieriger.

But the English pronunciation
[bat ðe 'inglisch pronansi'eischən]
Aber die englische Aussprache

is sometimes difficult.
[iz 'samtaimz 'diffikəlt.]
ist manchmal schwierig.

For example, how does one pronounce
[fo: iks'sa:mpel, hau daz uan pro'nauns]
Zum Beispiel, wie spricht man

enough, laugh, night, right, know?
[i'naf, la:f, nait, rait, nou?]
„genug", „lachen", „Nacht", „Recht" (oder „richtig"), „wissen"?

Stumme Buchstaben

Viele englische Wörter enthalten Buchstaben, die man nicht ausspricht. Das kommt daher, daß das Englische größtenteils vom Sächsischen (also Deutschen) abstammt und die Wörter in ihrer Originalschreibweise erhalten sind, obwohl sie anders ausgesprochen werden.

Ähnliche Laute
Viele Wörter werden gleich ausgeprochen, obwohl sie sich in der Rechtschreibung und in der Bedeutung unterscheiden.

>*right* = Recht oder richtig
>*write* = schreiben
>
>*know* = wissen
>*no* = nein
>
>*do* = tun
>*to* = nach
>
>*due* = wegen
>*dew* = Tau
>
>*two* = zwei
>*too* = auch

A telephone message:
[ə 'telefoun 'messidsch:]
Eine Telefonnachricht.

—Hello, is Mr. Woodward in?
 [helou, iz 'mistə 'wudwə:d in?]
 Hallo, ist Mister Woodward da?

In – out
Diese Präpositionen, die „drinnen" und „draußen" bedeuten, werden in der Umgangssprache häufig dazu verwendet, um die An- bzw. Abwesenheit einer Person zu kennzeichnen.

—No. I'm sorry.
 [nou. aim 'sorri.]
 Nein. Es tut mir leid.

 He's out.
 [hi:z aut.]
 Er ist nicht da.

Who is calling?
[hu: iz 'ko:ling?]
Wer spricht da?

—My name is Henry Wellington.
[mai neim iz 'henri 'uelingtən.]
Mein Name ist Henry Wellington.

—How do you spell your last name?
[hau du ju spel juə la:st neim?]
Wie buchstabiert man Ihren Nachnamen?

—W - E - L - L - I - N - G - T - O - N
['dabelju, i: , el, el, ai, en, dschi:, ti:, ou, en.]
W - E - L - L - I - N - G - T - O - N

Please tell him that I'm in the Hotel Hilton.
[pli:z tel him ðät aim in ðe hou'tel 'hiltən.]
Bitte sagen Sie ihm, daß ich im Hotel Hilton bin.

Reading and writing English:
['ri:ding änd 'raiting 'inglisch:]
Englisch lesen und schreiben:

—Do you read much in English?
[du ju ri:d matsch in 'inglisch?]
Lesen Sie viel in Englisch?

—Yes, I do.
[jes ai du.]
Ja, das tue ich.

> **Do als Emphase**
> Manchmal wird *do* benutzt, um einer Aussage
> besonderen Nachdruck zu verleihen, ohne das
> Verb wiederholen zu müssen.
>
> > *Does he speak English? – Yes, he does.*
> > Spricht er Englisch? – Ja (das tut er).

I read newspapers, magazines, and books.
[ai riːd 'njuːzpeipəz, 'mägəziːnz änd buks.]
Ich lese Zeitungen, Zeitschriften und Bücher.

—Do you also write in English?
[du ju 'oːlsou rait in 'inglisch?]
Schreiben Sie auch auf Englisch?

Yes, I sometimes write letters to friends.
[jes, ai 'samtaimz rait 'letəz to frendz.]
Ja, ich schreibe manchmal Briefe an Freunde.

Sending letters:
['sending 'letəːz]
Beim Briefeverschicken:

Excuse me.
[iks'kjuːz mi.]
Entschuldigen Sie.

Are there enough stamps on this letter?
[aː ðeəri'naf stämps on ðiz 'letə?]
Ist genug Porto auf diesem Brief?

POST OFFICE CLERK:
[poust 'ofis claːk:]
POSTBEAMTER:

No. For foreign mail
[nou foː 'forən meil]
Nein, für Briefe ins Ausland

you need forty cents more.
[ju niːd 'foːti sents moː]
brauchen Sie vierzig Cents mehr.

—And how much is it to send this package?
[änd hau matsch 'izit tu send ðiz 'päkidsch?]
Und wieviel kostet es, dieses Päckchen zu verschicken?

—Regular mail or insured?
['regjula: meil o:rin'schuəd?]
Auf normalem Postweg oder versichert?

—Insure it for fifty dollars please.
[in'schu:ərit fo: 'fifti 'dola:z pli:z.]
Versichern Sie es für fünfzig Dollar bitte.

It's important.
[its im'po:tənt.]
Es ist wichtig.

BEISPIELKORRESPONDENZ: BRIEFE, POSTKARTEN, BEWERBUNGEN

Dear Kenneth:
[diə 'kenneθ:]
Lieber Kenneth:

Thank you for the beautiful flowers.
[θänk ju fo: ðe 'bju:tiful 'flauəz.]
Danke für die wunderschönen Blumen.

What a wonderful surprise!
[uot ə 'uondəful sɜ'praiz!]
Was für eine schöne Überraschung!

Yellow roses are my favorite flowers.
['jelou 'rouziz a: mai 'feivərit 'flauəz.]
Gelbe Rosen sind meine Lieblingsblumen.

You are very kind.
[ju a: 'veri kaind.]
Du bist sehr nett.

I hope to see you again soon.
[ai houp tu si: ju ə'gän su:n.]
Ich hoffe, ich sehe Dich bald wieder.

Sincerely,
[sin'siəli,]
Herzlichst,

Catherine.
['käθrin.]
Catherine.

A POSTCARD:
[ə 'poustkɑːd:]
EINE POSTKARTE:

Dear Mary:
[diə 'märiː]
Liebe Mary:

Greetings from San Francisco.
['griːtingz from sän frän'siskou.]
Viele Grüße aus San Francisco.

It's a very beautiful city.
[its ə 'veri 'bjutiful 'sitti.]
Es ist eine sehr schöne Stadt.

This card shows a view of the harbour and the bridge.
[ðiz kɑːd schouz ə vju ov ðe 'haːbəränd ðe bridsch.]
Diese Karte zeigt eine Ansicht des Hafens und der Brücke.

Wish you were here!
[uisch ju uɜ hiə!]
Ich wünschte, Du wärst hier.

Best regards, Andrew
[best 'rigaːdz, 'ändru]
Viele Grüße, Andrew

> **Wish you were here!**
> Das ist eine Redewendung, die man häufig auf
> englischen Postkarten findet.

AN APPLICATION:
[ən äppli'keischən:]
EINE BEWERBUNG:

Dear Sir:
[diə sɜː]
Sehr geehrter Herr:

I am interested in a position with your company.
[ai äm 'intrəstid in ə po'zischən uiθ juə 'kompəni.]
Ich bin an einer Stelle in Ihrem Unternehmen interessiert.

Please find enclosed a résumé of my education and experience.
[pliːz faind in'klouzd ə rezjumei ov mai edju'keischən änd iks'piriəns.]
Anbei schicke ich Ihnen meinen Lebenslauf.

I speak English and German fluently.
[ai spiːk 'inglisch änd 'dschəmən 'fluentli.]
Ich spreche fließend Englisch und Deutsch.

Is it possible to grant me a personal interview?
[iz it 'posibəl tu graːnt mi ə 'pəsənəl 'intervju?]
Ist es möglich, mir ein Vorstellungsgespräch einzuräumen?

I thank you in advance for your consideration.
[ai θänk ju in əd'vaːns foː juə konside'reischən.]
Ich danke Ihnen im Voraus für Ihre Mühe.

Very truly yours,
['veri 'truːli juəz,]
Mit freundlichen Grüßen,

TESTEN SIE IHR ENGLISCH

Schreiben Sie in jede Lücke das fehlende englische Wort. Berechnen Sie sich 10 Punkte für jede richtige Antwort.

1. The English alphabet has _____ letters than the German one.
   (weniger)

2. German has three letters _____ .
   (mehr)

3. Is there a telephone _____ for me?
   (Nachricht)

4. He speaks, _____ and _____ English.
   (liest)   (schreibt)

5. Does this letter have _____ stamps?
   (genug)

6. No, it doesn't. It needs _____ .
   (vierzig Cents mehr)

7. I hope to see you _____ .
   (bald wieder)

8. I thank you _____ .
   (im Voraus)

9. _____ from San Francisco.
   (Grüße)

10. I am interested _____ with your company.
    (an einer Stelle)

Antworten: 1. fewer 2. more 3. message 4. reads writes 5. enough
6. forty cents more 7. again soon 8. in advance 9. Greetings
10. in a position

Ergebnis: _____ %

step 6 VERWANDTSCHAFTS- GRADE UND BERUFE

A family consists of:
[ə 'fämili kon'sists ov:]
Eine Familie besteht aus:

husband and wife
['hasbend änd uaif]
Ehemann und Ehefrau

parents and children
['pärents änd 'tschildrən]
Eltern und Kinder

Verwechseln Sie nicht:
parents – Eltern
relatives – Verwandte

father and mother
['faːðəränd 'maðə]
Vater und Mutter

son and daughter
[san änd 'doːtə]
Sohn und Tochter

brother and sister
['braðəränd 'sistə]
Bruder und Schwester

grandparents and grandchildren
['gränpärənts änd 'gräntschildrən]
Großeltern und Enkel

grandfather and grandmother
['gränfaːðə änd 'gränmaðə]
Großvater und Großmutter

grandson and granddaughter
['gränsan änd 'grändoːtə]
Enkelsohn und Enkeltochter

Ein „Ehrenpräfix"
Grand bedeutet „groß" und auch „nobel". (Ein angebrachter Titel für die Großeltern, nicht wahr?)

Die Drei-Konsonanten-Regel
Im Englischen gibt es eine Ausspracheregel, die besagt, daß, wenn in einem Wort drei Kon-

> sonanten (Mitlaute) aufeinandertreffen, der mittlere Konsonant nicht ausgesprochen wird.
> Aus diesem Grund werden z.B. die Wörter *grandfather* und *grandmother* mit der Konsonantengruppe *n–d–m* ['gränfaːðə] und ['gränmaðə] ausgesprochen.

In a family there are also
[in ə 'fämili ðeəraː 'oːlsou]
In einer Familie gibt es auch

uncles, aunts, and cousins.
['ankels, aːnts, änd 'kazinz.]
Onkel, Tanten und Cousins/Cousinen.

> **Cousin** hat grammatisch gesehen kein Geschlecht. Ob ein männlicher oder ein weiblicher *cousin* gemeint ist, müssen Sie also aus dem jeweiligen Sinnzusammenhang (oder z.B. aus dem Namen) erschließen.

When a son or daughter gets married
[uen ə san oː 'doːtə gets 'märiːd]
Wenn ein Sohn oder eine Tochter heiratet,

there are new relatives:
[ðeəraː nju 'relətivz:]
gibt es neue Verwandte:

father-in-law
['faːðərin loː]
Schwiegervater

mother-in-law
['maðərin loː]
Schwiegermutter

sister-in law
['sistərin loː]
Schwägerin

brother-in-law
['braðərin loː]
Schwager

To get – ein sehr nützliches Verb
To get ist eins der meistbenutzten Verben in der englischen Umgangssprache. Es hat mehrere

Bedeutungen, wie z. B. „erreichen", „bekommen," „suchen," „kaufen," „werden," und viele andere mehr. Beachten Sie:

> *He gets a check every month.*
> Er bekommt jeden Monat einen Scheck.
>
> *Get me some coffee, please.*
> Bringen Sie mir etwas Kaffee, bitte.
>
> *Where do I get stamps?*
> Wo bekomme ich Briefmarken?
>
> *In winter it gets dark early.*
> Im Winter wird es früh dunkel.

Andere Wendungen:

> *to get rich* – reich werden
> *to get well* – gesund werden
> *to get sick* – erkranken
> *to get angry* – wütend werden
> *to get tired* – ermüden

The parents of the bride or groom
[ðe 'pärənts ov ðe braid oː gruːm]
Die Eltern der Braut oder des Bräutigams

get a new daughter-in-law
[get ə nju 'doːtərin loː]
bekommen eine neue Schwiegertochter

or son-in-law.
[oː san in loː.]
oder einen neuen Schwiegersohn.

> **In-law**
> Verwandtschaftsgrade, die durch eine Heirat entstehen, haben immer das Suffix *in-law*, was soviel wie „laut Gesetz" heißt.

In order to find out a person's profession
[in 'oːdə tu faind aut ə 'pəsənz pro'feschən]
Um den Beruf einer Person zu erfahren,

we ask:
[ui aːsk:]
fragen wir:

> "What work do you do?"
> [uot uɜk du ju du?]
> „Was arbeiten Sie?"
>
> or "What is your profession?"
> [oː uat is juə proˈfeschən?]
> oder „Was ist Ihr Beruf?"

Wörter, die auf -ion enden
Viele Wörter, die auf *-ion* enden, sind im Englischen und Deutschen gleich. Hier sind ein paar dieser Wörter:

invasion	*confession*
procession	*version*
illusion	*confusion*

Man sollte aber beachten, daß die englischen Wörter, im Gegensatz zu den deutschen, auf der vorletzten Silbe betont werden.

A business man works in an office
[ə ˈbizənəs män uɜks ˈinən ˈoffis]
Ein Geschäftsmann arbeitet in einem Büro

or he travels.
[oː hi ˈträvəlz.]
oder er reist.

A wird zu an
Um die Aussprache zu erleichtern, wird aus *a* ein *an*, wenn das folgende Wort mit einem Vokal oder mit einem stummen „h" beginnt.

Many workers work in factories.
[ˈmäni ˈuɜkəz uɜk in ˈfäktoriːz.]
Viele Arbeiter arbeiten in Fabriken.

Doctors and nurses treat sick people.
['doktəz änd 'nɜsiz triːt sik 'piːpəl.]
Ärzte und Krankenschwestern behandeln kranke Menschen.

Actors and actresses act in plays,
['äktəz änd äktrisiz äkt in pleiz,]
Schauspieler und Schauspielerinnen spielen in Theaterstücken,

in the movies, or on TV.
[in ðe muːviːz 'oːron tiː viː]
im Kino oder im Fernsehen.

Artists paint pictures
['aːtists peint 'piktschəz]
Künstler malen Bilder

or make sculptures.
[oː meik 'skalptschəz.]
oder machen Skulpturen.

An author writes books.
[ən 'oːθə raits buks.]
Ein Autor schreibt Bücher.

A musician plays the piano,
[ə 'mjuzischən pleiz ðe pi'ano,]
Ein Musiker spielt Klavier,

violin, or an other instrument.
['vaiəlin 'oːrən'aðə 'instəment.]
Geige oder ein anderes Instrument.

A mechanic repairs machinery.
[ə me'känik ri'päəz mə'schiːnəri.]
Ein Mechaniker repariert Maschinen.

The mailman delivers the mail.
[ðe 'mäilmän di'livəz ðe meil.]
Der Briefträger trägt die Post aus.

Taxi drivers drive taxis.
['täksi 'draivəz draiv 'täksiːz.]
Taxifahrer fahren Taxis.

Firemen put out fires.
['faiəmen put aut faiəz.]
Feuerwehrmänner löschen Feuer.

The police direct the traffic
[ðe po'li:s 'dairekt ðə 'träffik]
Die Polizei regelt den Verkehr

and arrest criminals.
[ändə'rest 'kriminəlz.]
und verhaftet Verbrecher.

The police
In diesem Fall bezieht sich das Wort *police* auf die Polizeibeamten und wird als Pluralwort behandelt.

Das the wird manchmal weggelassen
Sie haben sicher bemerkt, daß es nicht nötig ist, das *the* zu wiederholen, wenn man sich im allgemeinen auf Mitglieder einer Gruppe bezieht.

Die Amerikaner reisen viel.
Americans travel a lot.

BEISPIELUNTERHALTUNG: AUF EINER PARTY

GEORGE:
[dschoːdschː]
GEORGE:

What a pleasant party!
[uot a 'plezənt paːti!]
Was für eine nette Party!

PAUL:
[poːl:]
PAUL:

Yes, it is.
[jes it'iz.]
Ja.

The guests are very interesting.
[ðe gests aː 'veri 'intrəsting.]
Die Gäste sind sehr interessant.

GEORGE:

Mr. Kane has a great variety of friends.
['mistə kein häz ə greit və'raieti ov frendz.]
Herr Kane hat einen abwechslungsreichen Freundeskreis.

PAUL:

In that group near the window
[in ðät gruːp niə ðe 'uindou]
In dieser Gruppe nahe dem Fenster

there is a lawyer, a politician,
[ðeər'iz ə 'loːjer, ə poli'tischən,]
gibt es einen Anwalt, einen Politiker,

an engineer, an architect,
[ən endschin'iːə, ən 'aːkitekt,]
einen Ingenieur, einen Achitekten,

75

a stockbroker, and a baseball player.
[ə 'stockbroukə änd ə 'beisbɔːl 'pleijer.]
einen Börsenmakler und einen Baseballspieler.

Das Suffix -er

Fügt man an ein Verb das Suffix *-er* an, wird daraus der Beruf der Person, die ihn ausübt. (Das ist aber nicht immer der Fall):

das Verb		der Ausübende
to drive	–	*driver*
to play	–	*player*
to buy	–	*buyer*
to travel	–	*traveller*
to speak	–	*speaker*
to work	–	*worker*
to write	–	*writer*
to read	–	*reader*
to dance	–	*dancer*

GEORGE:

It's quite a varied group.
[its kuait ə väriːd gruːp.]
Es ist eine ziemlich gemischte Gruppe.

What do you think
[uot du ju θink]
Was denken Sie,

they are discussing,
[ðei aː dis'kasing,]
worüber sie diskutieren:

architecture, law, politics,
['aːkitektschə, lɔː, 'politiks,]
Architektur, Recht, Politik,

the stock market…?
[ðe stock 'markit…?]
die Börse…?

PAUL:

Baseball, probably.
['bäisboːl, 'probəbli.]
Wahrscheinlich Baseball.

GEORGE:

Do you know
[du ju nou]
Wissen Sie,

who that young woman is?
[hu ðät jang 'wumən iz?]
wer diese junge Frau ist?

PAUL:

Which one?
[uitsch uan?]
Welche?

GEORGE:

The one in the white dress.
[ðe uan in ðe uait dress.]
Die in dem weißen Kleid.

PAUL:

She's a dancer with the National Ballet.
[schiːz ə 'danser uiθ ðe 'näschənəl 'bällei.]
Sie ist eine Tänzerin vom Nationalballet.

Her name is Margo Fontana.
[hɜ näim iz maːgou fon'tana.]
Ihr Name ist Margo Fontana.

She's attractive, isn't she?
[schiːz ə'träktiv, iznt schiː?]
Sie ist attraktiv, nicht wahr?

GEORGE:

And who are the two men with her?
[änd huː aː ðe tu men uiθ hɜ?]
Und wer sind die beiden Männer, die bei ihr sind?

77

PAUL:

The older one is a movie director,
[ði 'oulde uan 'ize 'muːvi dai'reke,]
Der ältere ist ein Filmregisseur,

and the younger one is an actor.
[änd ðe 'jange uan 'izen 'äkte.]
und der jüngere ist ein Schauspieler.

GEORGE:

But look who is coming in now.
[bat luk huː iz 'kaming in nau.]
Aber schauen Sie, wer jetzt hereinkommt.

> **To come in – to enter**
> „Hereinkommen" wird mit diesen beiden Aus-
> drücken übersetzt.. *To come in* wird öfter in der
> Umgangssprache benutzt. Wenn jemand an die
> Tür klopft, sagt man gewöhnlich *„Come in!"*.

It's Herb Savin, the famous explorer.
[its hɜb 'sevin, ðe feimes iks'plore.]
Es ist Herb Savin, der berühmte Forscher.

He's just back
[hiːz dschast bäk]
Er ist gerade zurückgekommen

from an expedition to the Amazon jungle.
[from en ekspe'dischen tu ði 'ämezon 'dschangel.]
von einer Amazonas-Expedition.

PAUL:

Yes I know.
[jes ai nou.]
Ja, ich weiß.

There's an article about him
['ðeezen 'aːtikel 'ebaut him]
Da ist ein Artikel über ihn

in today's paper.
[in tu'deiz 'peiper.]
in der Zeitung von heute.

What an adventurous life!
[uot ən äd'ventschərəz laif!]
Was für ein abenteuerliches Leben!

GEORGE:

By the way, I know him.
[bai ðe uäi, ai nou him.]
Übrigens, ich kenne ihn.

Let's go talk with him about his last trip.
[lets gou toːk uiθ him ə'baut hiz laːst trip.]
Lassen Sie uns mit ihm über seine letzte Reise reden.

TESTEN SIE IHR ENGLISCH

Erste Übung:
Verbinden Sie die folgenden Sätze, indem Sie die richtige Ziffer vor den Buchstaben setzen. Berechnen Sie sich 5 Punkte für jede richtige Antwort.

1. Bus drivers	___	A	paint pictures.
2. Doctors	___	B	put out fires.
3. A businessman	___	C	plays the piano.
4. Artists	___	D	arrest criminals.
5. An author	___	E	repairs machinery.
6. A musician	___	F	works in an office.
7. A mailman	___	G	treats sick people.
8. Firemen	___	H	writes books.
9. A mechanic	___	I	delivers the mail.
10. The police	___	J	drive buses.

Zweite Übung:
Übersetzen Sie die folgenden Sätze ins Englische. Berechnen Sie sich 10 Punkte für jede richtige Übersetzung.

1. Was für eine nette Party. _____

2. Was ist ihr Beruf? _____

3. Worüber diskutieren

   sie gerade? _____

4. Übrigens, ich kenne ihn. _____

5. Lassen Sie uns

   mit ihm reden. _____

Antworten:
Übung 1:
1–J, 2–G, 3–F, 4–A, 5–H, 6–C, 7–I, 8–B, 9–E, 10–D.
Übung 2:
1. What a pleasant party! 2. What is your profession? 3. What are they discussing now? 4. By the way, I know him. 5. Let's go talk with him.

Erste Übung _____ %

Zweite Übung _____ %

step 7 TAGE, MONATE, JAHRESZEITEN DAS WETTER

The seven days of the week are
[ðe 'seven deiz ov ðe uːk aː]
Die sieben Tage der Woche sind

Monday, Tuesday, Wednesday,
['mandei, 'tjuːsdei, 'uenzdei,]
Montag, Dienstag, Mittwoch,

Thursday, Friday,
['θɜsdei, 'fraidei,]
Donnerstag, Freitag,

Saturday and Sunday.
['sätədei änd 'sandei.]
Samstag und Sonntag.

Groß-und Kleinschreibung
Die Wochentage und die Monate werden im
Englischen großgeschrieben, ebenso Nationa-
litäten und Sprachen.

The twelve months of the year are called
[ðe tuelv manθs ov ðe jiə aː coːld]
Die zwölf Monate des Jahres heißen

January, February, March,
['dchänjuəri, 'februəri, maːtsch,]
Januar, Februar, März,

April, May, June,
['eipril, mei, dschuːn,]
April, Mai, Juni,

July, August, September,
[dschu'lai, 'ogəst, sep'tembə,]
Juli, August, September,

October, November, December.
[ok'toubə, no'vembə, di'sembə.]
Oktober, November, Dezember.

January is the first month of the year.
['dchänjuəri iz ðe 'fəst manθ ov ðe jiə.]
Januar ist der erste Monat des Jahres.

January 1st is New Year's Day.
['dschänjuəri fəst iz nju jiəz dei.]
Der erste Januar ist Neujahr.

We say to our friends:
[ui sei tu aur frends:]
Wir sagen zu unseren Freunden:

"Happy New Year!"
['häppi nju jiə!]
„Frohes Neues Jahr!"

February is the second month.
['februəri iz ðe 'sekənd manθ.]
Februar ist der zweite Monat.

March is the third.
[maːtsch iz ðe θɜd.]
März ist der dritte.

April is the fourth,
['eipril iz ðe foːθ,]
April ist der vierte,

Die Ordnungszahlen
Ab „vierter" *(fourth)* enden die Ordnungszahlen
mit einem *-th*, außer *first, second* und *third*.
Das Datum schreibt man in abgekürzter Form
wie folgt: *1st, 2nd, 3rd, 4th,* etc. und *21st, 22nd,
23rd, 24th*, etc.

and December is the last.
[änd di'sembəriz ðe laːst.]
und Dezember ist der letzte.

December 25th is Christmas Day.
[di'sembə tuenti'fifθ iz 'krisməs dei.]
Am 25. Dezember ist Weihnachten.

We wish people
[ui uisch 'piːpəl]
Wir wünschen den Menschen

   "Merry Christmas!"
   ['meri 'krisməs!]
   „Frohe Weihnachten!"

Was man sich sonst noch wünscht
Happy Easter – Frohe Ostern
Happy Birthday – Herzlichen Glückwunsch zum
                                Geburtstag
Happy Anniversary – Herzlichen Glückwunsch
                                zum Jubiläum

and we give presents to children,
[änd ui giv 'presənts tu 'tschildrən,]
und wir verschenken Geschenke an Kinder,

to family members and to our friends.
[tu 'fämili 'membəz änd tu auə frendz.]
an Familienmitglieder und an unsere Freunde.

In the United States
[in ðe ju'naitid steits]
In den Vereinigten Staaten

July 4th is Independence Day.
['dschulai foːθ iz indi'pendəns dei.]
ist der 4. Juli der Unabhängigkeitstag.

Throughout the nation
[θru'aut ðe 'neischən]
Im ganzen Land

there are parades and fireworks.
[ðeəraː pə'reids änd 'faiəuəks.]
gibt es Paraden und Feuerwerk.

Spring, summer, autumn and winter
[spring, 'samə, 'oːtəm änd 'uintə]
Frühling, Sommer, Herbst und Winter

are the four seasons of the year.
[aː ðe foː 'siːzənz ov ðe jiə.]
sind die vier Jahreszeiten.

In the northern part of America
[in ðe 'noːðən paːt ov a'mərika]
im nördlichen Teil Amerikas

it rains a lot in April,
[it reins ə lot in 'eipril,]
regnet es sehr viel in April,

and in May the flowers grow.
[änd in mäi ðe 'flauəz grou.]
und in Mai wachsen die Blumen.

In summer it is hot almost everywhere.
[in 'saməritiz hot 'oːlmoust 'evriueə.]
Im Sommer ist es fast überall heiß.

In autumn leaves change colour
[in 'oːtəm liːvz tscheindsch 'kalə]
Im Herbst verfärben sich die Blätter

and then fall from the trees.
[änd ðen foːl from ðə triːz.]
und fallen dann von den Bäumen.

Eine Frage der Rechtschreibung

Wie Sie bereits wissen, gibt es einige Unterschiede zwischen der englischen Sprache, wie sie auf den britischen Inseln gesprochen wird, und dem amerikanischen Englisch.

Einer der wichtigsten Unterschiede zwischen
amerikanischem und britischem Englisch ist,
neben gewissen Unterschieden in der Aussprache, die Rechtschreibung.
Die folgende Aufstellung gibt Ihnen einen kleinen
Einblick in die Unterschiede:

Amerikanisch	Britisch
color	*colour*
labor	*labour*
humor	*humour*
valor	*valour*
honor	*honour*
favor	*favour*

Since the United States
[sins ðe ju'naitid steits]
Da die Vereinigten Staaten

is such a big country
[iz satsch ə big 'kantri,]
so ein großen Land sind,

Singular oder Plural
Obwohl sie aus 50 Staaten bestehen,
werden die Vereinigten Staaten
in der englischen Sprache als ein Land
behandelt.

there is a great variety in climate
[ðeəriz ə greit və'raieti in 'klaimət]
gibt es große Klimaunterschiede

from place to place.
[from pleis to pleis.]
von Ort zu Ort.

Nowadays many Americans prefer
['nauədeiz 'mäni ə'merikənz pri'fɜ]
Heutzutage ziehen es viele Amerikaner vor,

to live in the sunny climate of the South,
[to liv in ðę 'sanni 'klaimət ov ðe sauθ,]
im sonnigen Klima des Südens zu leben,

or in the dry Southwest,
[oːr'in ðe drai sauθ'uest]
oder im trockenen Südwesten

or on the Pacific Coast.
[oː on ðe 'pəsifik koust.]
oder an der Pazifikküste.

BEISPIELUNTERHALTUNG: REDEN ÜBER DAS WETTER

Everyone talks about the weather.
['evriuan toːks ə'baut ðe 'ueðə.]
Jeder redet über das Wetter.

In spring,
[in spring,]
Im Frühling,

when the sun is shining,
[uen ðe san iz 'schaining,]
wenn die Sonne scheint,

and a pleasant breeze is blowing,
['ändə 'plesənt briːz iz 'blouing,]
und eine angenehme Brise weht,

we say:
[ui sei:]
sagen wir:

  "What a beautiful day!"
  [uat ə 'bjuːtiful dei!]
  „Was für ein wunderschöner Tag!"

And when the night is clear,
[änd uen ðe nait iz kliə,]
und wenn die Nacht klar ist,

and we see the moon and the stars in the sky,
[änd ue siː ðe muːn änd ðe staːs in ðe skai,]
und wir den Mond und die Sterne am Himmel sehen,

we say:
[ui sei:]
sagen wir:

"What a wonderful evening!"
[uat ə 'uandəful 'i:vəning!]
„Was für ein wunderbarer Abend!"

In the middle of summer
[in ðe 'middel ov 'sammə]
Mitten im Sommer

we often observe,
[ui 'often ob'zʒv,]
bemerken wir oft:

"It's terribly hot, isn't it?"
[its 'teribli hot, 'iznt it?]
„Es ist schrecklich heiß, nicht wahr?

In autumn,
[in 'o:təm,]
Im Herbst,

when it is beginning to get cold
[uen it'iz bi'ginning tu get kould]
wenn es anfängt kalt zu werden,

we say,
[ui sei,]
sagen wir:

"It's rather cold today,
[its 'ra:ðə kould tu'dei,]
„Es ist ziemlich kalt heute,

don't you think so?
[dount ju θink sou?]
finden Sie nicht?"

In winter we watch television
[in 'uintə ui uotsch tele'vischən]
Im Winter schauen wir fern,

and we get weather reports like this:
[änd ui get 'ueðə 'ripo:ts laik ðis:]
und wir bekommen Wettervorhersagen wie:

"The local forecast for tonight
[ðe 'loukəl 'fɔːkaːst fɔː tu'nait]
„Die örtliche Vorhersage für heute nacht

indicates heavy snow falls throughout the Northeast.
['indikäits 'hävi snou fɔːls θruː'aut ðe nɔːθ'iːst.]
zeigt heftige Schneefälle im Nordosten.

Ice on the roads makes driving hazardous.
[ais on ðe roudz mäiks 'draiving hə'zaːdəs.]
Eisglätte auf den Straßen macht das Fahren gefährlich.

There are traffic tie-ups on the highways.
[ðeəraː 'träfik tai aps on ðe 'haiueiz.]
Es gibt Verkehrsstaus auf den Autobahnen.

The police are warning motorists
[ðe po'liːs aː 'uoːning 'moutərists]
Die Polizei warnt die Autofahrer

of the danger on the highways.
[ov ðe 'däindschə'ron ðe 'haiueiz.]
vor der Gefahr auf den Autobahnen.

Weather conditions and temperatures
['ueðə kon'dischənz änd 'temprətschəz]
Die Wetterverhältnisse und Temperaturen

for principal cities follow this report.
[fɔː 'prinsipəl 'sitiːz 'follou ðiz ri'pɔːt.]
für wichtige Städte folgen diesem Bericht.

In general,
[in 'dschenerəl,]
Im allgemeinen

the weather is seasonable
[ðe 'ueðəriz 'siːsənibəl]
ist das Wetter der Jahreszeit entsprechend

for the rest of the country
[fɔː ðe rest ov ðe 'kantri]
für den Rest des Landes

except for Florida
[ik'sept foː 'florida]
mit Ausnahme von Florida,

where a tropical storm
['uerə 'tropikəl stoːm]
wo sich ein tropischer Sturm

with high velocity winds
[uið hai ve'lositi uindz]
mit hohen Windgeschwindigkeiten

is forming in the ocean near the east coast."
[iz 'foːming in ðe 'ouschən niə ði iːst koust.]
im Ozean nahe der Ostküste bildet."

TESTEN SIE IHR ENGLISCH

Übung 1:
Schreiben Sie das richtige Wort in die Lücke. Berechnen Sie sich 5 Punkte für jede richtige Antwort.

1. Wednesday comes after _____ .

2. Friday comes before _____ .

3. The first month of the year is _____ .

4. The third month is _____ .

5. The last month of the year is _____ .

6. On Christmas Day we say, " _____ ."

7. January 1st is _____ .

8. Spring, summer, autumn and _____ are the four seasons.

9. In New York the winter is very _____ .

10. In Florida the summer is very _____ .

Übung 2:
Übersetzen Sie die folgenden Sätze ins Englische. Berechnen Sie sich 10 Punkte für jede richtige Übersetzung.

11. Im April regnet es viel. _____

12. In Amerika gibt es _____

    eine Vielfalt an Klimata. _____

13. Jeder redet über das Wetter. _____

14. Was für ein angenehmer Tag. _____

15. Wir sehen den Mond _____

    am Himmel. _____

Antworten:
Übung 1:
1. Tuesday. 2. Saturday. 3. January. 4. March. 5. December.
6. Merry Christmas. 7. New Year's Day. 8. winter. 9. cold. 10. hot.
Übung 2:
11. In April it rains a lot. 12. In America there is much variety in the climate.
13. Everyone talks about the weather. 14. What a beautiful day! 15. We see
the moon in the sky.

Ergebnis: _____ %

step 8 GRUNDVERBEN, WIEDERHOLUNG DER PRONOMEN ALS OB-JEKTE, IMPERATIV

We see with our eyes.
[ui si: uiθ auə aiz.]
Wir sehen mit unseren Augen.

—I don't see Mrs. Black.
[ai dount si: 'missiz bläck.]
Ich sehe Mrs. Black nicht.

Do you see her?
[du ju si: hɜ?]
Sehen Sie sie?

—No, I don't. She is not here.
[nou ai dount. schi iz not hiə.]
Nein. Sie ist nicht hier.

Don't und do not

Don't oder *do not* werden hier als Ersatz für das verneinte Verb und das Objekt benutzt. Sie bilden auch den verneinten Imperativ.

Don't go! – Gehen Sie nicht!
Don't do it! – Tun Sie das nicht!

On television we watch movies,
[on tele'vischən ui uotsch 'mu:viz,]
Im Fernsehen sehen wir Filme,

news, sports, etc.
[nju:z, spo:ts etc.]
Nachrichten, Sport, etc.

—What program
[uat 'prougräm]
Was für ein Programm

are you watching now?
[aː ju 'uotsching nau?]
sehen Sie gerade?

—I'm looking at a special program about the sea.
[aim 'lucking ät ə 'speschəl 'prougräm ə'baut ðe siː]
Ich sehe gerade eine Sondersendung über das Meer.

Zwei Verben – eine Bedeutung
To watch und *to look* bedeuten beide „schauen"
oder „sehen". Wenn *look* ein Objekt nach sich
zieht, wird dieses mit *at* angeschlossen

When we watch television
[uen ui uotsch tele'vischən]
wenn wir fernsehen

or listen to the radio
[oː 'lisen to ðe 'reidio]
oder Radio hören,

we hear music,
[ui hiə 'mjuːzik,]
hören wir Musik,

news and advertising.
[njuːz änd 'ädvətaising.]
Nachrichten und Werbung.

We hear with our ears.
[ui hiə uiθ auə iəz.]
Wir hören mit unseren Ohren.

—Do you hear the telephone?
[du ju hiə ðe 'telifoun?]
Hören Sie das Telefon?

—No, I don't hear it.
[nou, ai dount 'hiərit.]
Nein, ich höre es nicht.

—Listen!
['lisən!]
Horchen Sie mal!

What is that noise?
[uot iz ðät noiz?]
Was ist dieses Geräusch?

—It's a police siren in the street.
[its ə po'liːs 'sairən in ðe striːt.]
Es ist eine Polizeisirene auf der Straße.

> **To listen – to hear**
> Folgt auf *to listen* („zuhören") ein Objekt, so wird
> dieses mit einer Präposition (*to*) an das Verb an-
> gehängt. Auf *to hear* hingegen folgt das Objekt
> ohne Präposition.
>
> *I like to listen to music* – Ich höre gerne
> Musik
> *Do you hear the noise?* – Hören Sie das
> Geräusch?

When I ask you your name
[uen ai aːsk ju juə neim]
Wenn ich Sie nach Ihrem Namen frage,

you tell it to me.
[ju tell it tu mi.]
sagen Sie ihn mir.

When someone tells you
[uen 'samuan tellz ju]
Wenn jemand zu Ihnen sagt

"Good Morning"
[gud 'moːning]
„Guten Morgen",

you also say "Good Morning" to him.
[ju 'oːlsou säi gud 'moːning tu him]
sagen Sie auch „Guten Morgen" zu ihm.

You answer him.
[ju 'aːnsə him.]
Sie antworten ihm.

In a restaurant
[in ə 'restorənt]
In einem Restaurant

we ask the waiter for the menu.
[ui aːsk ðe 'uäitə foː ðe 'menju.]
bestellen wir das Menü beim Kellner.

He gives it to us.
[hi givz it tu as.]
Er gibt es uns.

After the meal
['aːftə ðe miːl]
Nach dem Essen

we ask him for the bill.
[ui aːsk him foː ðe bill.]
bitten wir ihn um die Rechnung.

He brings it to us
[hi bringz it tu as]
Er bringt sie uns,

and we pay it.
[änd ui päi it.]
und wir bezahlen sie.

He takes the money
[hi täiks ðe 'mani]
Er nimmt das Geld

and gives it to the cashier.
[änd givz it tu ðe 'käschier.]
und gibt es dem Kassierer.

Then he brings us the change.
[ðen hi brings as ðe tscheindsch.]
Dann bringt er uns das Wechselgeld.

Indirekte und direkte Objektpronomen

Ein Vorteil der englischen Grammatik gegenüber der deutschen ist, daß die direkten und die indirekten Objektpronomen gleich sind:

me, him, her, it, us, them

Sie stehen hinter dem Verb. Der einzige Unterschied zwischen den Pronomen ist ihr Gebrauch. Den indirekten kann ein *to* vorausgehen oder auch nicht.

Schicken Sie ihr ein Buch! – *Send her a book!* oder *Send a book to her!*
Wir schicken ihnen Briefe. – *We send them letters.* oder *We send letters to them.*
Sagen Sie mir Ihren Namen. – *Tell me your name.* oder *Tell your name to me.*

Ausnahmen sind „fragen" und „antworten":

Ich frage Sie. – *I ask you.*
Sie antworten mir. – *You answer me.*

A driver asks a pedestrian:
[ə 'draivə aːsks ə pe'destriən:]
Ein Fahrer fragt einen Fußgänger:

"Is this the road to Miami?"
[iz ðiz ðe roud to mai'ämi?]
„Ist das die Straße nach Miami?"

The pedestrian answers him:
[ðe pe'destriən 'aːnsəz him:]
Der Fußgänger antwortet ihm:

"No, it isn't.
[nou it'iznt]
„Nein.

Go straight for two streets.
[gou streit fo: tu stri:ts.]
Fahren Sie zwei Straßen weiter geradeaus.

Then turn left.
[ðen tзn left.]
Biegen Sie dann links ab.

Stay on that road
[stei on ðät roud]
Bleiben Sie auf dieser Straße

up to the traffic light.
[ap to ðe 'träffik lait.]
bis zur Ampel.

Then turn right.
[ðen tзn rait.]
Biegen Sie dann rechts ab.

That's the expressway for Miami.
[ðäts ði ikspres'uei fo: mai'ämi]
Das ist die Autobahn nach Miami.

But be careful!
[bat be 'kärful!]
Aber seien Sie vorsichtig!

There's a speed limit.
[ðeзz з spi:d 'limit.]
Es gibt eine Geschwindigkeitsbegrenzung.

The driver thanks him
[ðe 'draivз θänks him]
Der Fahrer bedankt sich

and follows his directions
[änd 'follouz hiz dai'rekschзnz]
und folgt seiner Beschreibung

to the expressway.
[tu ði ikspres'uei]
zur Autobahn.

A motorcycle policeman sees him
[ə 'motəsaikel po'li:smäm si:z him]
Ein Polizist auf einem Motorrad sieht ihn

and follows him.
[änd 'follouz him.]
und folgt ihm.

The driver doesn't see the policeman.
[ðe 'draivə daznt si: ðe po'lismän.]
Der Fahrer sieht den Polizisten nicht.

But suddenly he hears the siren.
[bat 'saddenli hi hiəz ðe 'sairən.]
Aber plötzlich hört er die Sirene.

The policeman stops him.
[ðe po'li:smen stops him.]
Der Polizist hält ihn an.

He says to him:
[hi säz tu him:]
Er sagt zu ihm:

    "Are you in a big hurry?
    [a: ju in ə big 'hari?]
    „Haben Sie es sehr eilig?

    Show me your license!
    [schou mi juə 'laisens!]
    Zeigen Sie mir Ihren Führerschein!

    Your registration, too."
    [juə redschis'treischən, tu:]
    Ihren Fahrzeugschein auch."

The driver gives them to him.
[ðe 'draivə givz ðem tu him.]
Der Fahrer gibt sie ihm.

The policeman writes a ticket
[ðe po'li:smän raits ə 'tickət]
Der Polizist schreibt einen Strafzettel

and gives it to the driver.
[änd givz it tu ðe 'draivǝ.]
und gibt ihn dem Fahrer.

He also gives him back his papers.
[hi 'ɔːlsou givz him bäck hiz 'peipǝz.]
Er gibt ihm auch seine Papiere wieder.

Then he tells him,
[ðen hi tellz him:]
Dann sagt er ihm:

"Be careful in the future!"
[bi 'käǝful in ðe 'fjutschǝ!]
„Seien Sie in Zukunft vorsichtig!"

BEISPIELUNTERHALTUNG: BEFEHLE ERTEILEN

A LADY:
[ə 'leidi:]
EINE DAME:

Clara, please bring me coffee
['klara, pliːz bring mi 'koffiː]
Clara, bitte bringen Sie mir Kaffee

and some toast.
[änd sam toust]
und etwas Toast.

THE MAID:
[ðe mäid:]
DAS HAUSMÄDCHEN:

Here you are, madame.
[hiə ju aː, 'mädəm]
Bitte sehr, Madame.

THE LADY:

Thank you. Listen!
[θänk ju. 'lisən!]
Danke. Hören Sie!

There's someone at the door.
[ðeəz 'samuan ät ðe doːr.]
Jemand ist an der Tür.

Go and see who it is.
[gou änd siː hu it'iz.]
Gehen Sie und schauen sie nach, wer es ist.

THE MAID:

It's the boy from the market
[its ðe boi from ðe ' maːkət]
Es ist der Junge vom Markt

with the food order.
[uiθ ðe fuːd 'oːdə.]
mit der Lebensmittelbestellung.

THE LADY:

Good. Tell him
[gud. tell him]
Gut. Sagen Sie ihm

to put it on the kitchen table
[tu put it on ðe 'kitschən 'teibel]
er soll sie auf den Küchentisch legen

and to give the bill to you.
[änd tu giv ðe bill tu ju.]
und Ihnen die Rechnung geben.

Before he leaves
[bi'foː hi liːvz]
Bevor er geht,

give him this list for tomorrow.
[giv him ðis list foː tu'morou.]
geben Sie ihm die Liste für morgen.

THE MAID:

Certainly, madam.
['sətənli, mädəm.]
Sicher, Madame.

THE LADY:

Now I have to go to the hairdresser
[nau ai häv tu go tu ðe 'häədressə]
Jetzt muß ich zum Friseur gehen,

to have my hair done for tonight.
[tu hav mai häə dan foː tuˈnait.]
um meine Haare für heute abend machen zu lassen.

> **Zweimal to have**
> Im letzten Satz finden Sie zwei vollkommen
> verschiedene Verwendungen des Verbs *to have*
> („haben“).
> Die erste Formulierung,
>
> > *I have to go to the hairdresser*,
>
> ist ein Beispiel für *to have to* – „müssen“
> (wörtlich würde der Satz heißen: „Ich habe
> zum Friseur zu gehen“).
> Die zweite Formulierung,
>
> > *to have my hair done*,
>
> illustriert die Möglichkeit im Englischen, das
> deutsche „etwas machen lassen“ auszudrücken.
>
> > Ich muß ihn sehen. – *I have to see him.*
> > Ich werde mir die Haare schneiden lassen. –
> > > *I'm going to have my hair cut.*

If anyone calls
[if ˈäniuan koːls]
Wenn jemand anruft,

please take the message,
[pliːz teik ðe ˈmesidsch,]
bitte nehmen Sie die Nachricht entgegen,

and write it down.
[änd rait it daun.]
und schreiben Sie sie auf.

> **To write down** = aufschreiben

While I am out vacuum the rugs,
[uail ai äm aut ˈväkjum ðe ragz,]
Während ich weg bin, saugen Sie die Teppiche,

clean the dining room,
[kli:n ðe 'daining ru:m,]
säubern Sie das Wohnzimmer,

and set the table for dinner.
[änd set ðe 'täibel fo: 'dinnə.]
und decken Sie den Tisch für das Abendessen.

THE MAID:

Is that all, madam?
[iz ðät o:l, 'mädəm?]
Ist das alles, Madame?

THE LADY:

Yes, it is.
[jes it'iz.]
Ja.

Oh, now the telephone is ringing.
[ou, nau ðe 'telefoun iz 'ringing.]
Oh, nun klingelt das Telefon.

Answer it, please.
['a:nsərit, pli:z.]
Nehmen Sie bitte ab.

Who is calling?
[hu iz 'ko:ling?]
Wer ist es?

THE MAID:

It's my friend Tom.
[its mai frend tom.]
Es ist mein Freund Tom.

He is inviting me to the movies tonight.
[hi iz in'vaiting mi tu ðe 'mu:viz tu'nait.]
Er lädt mich heute abend ins Kino ein.

May I go?
[mäi ai gou?]
Darf ich gehen?

THE LADY:

But we have guests for dinner...
[bat ui häv gests foː 'dinnə...]
Aber wir haben Gäste zum Abendessen...

Well, all right.
[uel, oːl rait.]
Nun gut.

Serve the dinner first
[sɜv ðe 'dinnə fɜst]
Servieren Sie zuerst das Abendessen

and go to the movies later.
[änd gou tu ðe 'muːviz 'leitə.]
und gehen Sie danach ins Kino.

TESTEN SIE IHR ENGLISCH

Übung 1:
Übersetzen Sie die folgenden Sätze ins Deutsche. Berechnen Sie sich 5 Punkte für jede richtige Übersetzung.

1. We see her. _____

2. Do you see me? _____

3. I hear him. _____

4. I don't see them. _____

5. He asks the waiter for the check.._____

6. He asks him for it.. _____

7. He pays it. _____

8. Tell him to come. _____

9. Give him this list. _____

10. Answer the telephone, please. _____

Übung 2:
Übersetzten Sie die folgenden Sätze ins Englische. Berechnen Sie sich 10 Punkte für jede richtige Übersetzung.

11. Wir hören Musik aus dem Radio. _____

12. Was ist das für ein Geräusch? _____

   Hören Sie es? _____

13. Ist das die Autobahn _____

   nach Chicago? _____

14. Gehen Sie zwei Straßen weiter _____

   geradeaus. _____

   Biegen Sie nach rechts ab. _____

Übung 2: _____ %

Übung 1: _____ %

Antworten:

Übung 1:

1. Wir sehen sie. 2. Sehen Sie mich? 3. Ich höre ihn. 4. Ich sehe sie nicht.
5. Er bittet den Kellner um die Rechnung. 6. Er bittet um sie. 7. Er bezahlt sie. 8. Sagen Sie ihm, er soll kommen. 9. Geben Sie ihm diese Liste.
10. Gehen Sie ans Telefon, bitte.

Übung 2:

11. We hear music on the radio. 12. What is that noise? Do you hear it?
13. Is this the expressway for Chicago? 14. Go on for two streets. Turn right.
15. Be careful! There's a speed limit.

Geschwindigkeitsbegrenzung. _____

Es gibt eine _____

15. Seien Sie vorsichtig. _____

Englisch Step by Step

DER GEBRAUCH DER HILFSVERBEN

If we wish to eat at a restaurant,
[if ui uisch tu iːt ät ə 'restrənt,]
Wenn wir in einem Restaurant essen wollen,

we must have money –
[ui mast häv 'mani –]
müssen wir Geld haben –

or a credit card.
['oːrə 'kredit caːd.]
oder eine Kreditkarte.

One cannot eat at a restaurant
[uan 'kännot iːt ät ə 'restrənt]
Man kann nicht in einem Restaurant essen,

> **Beachten Sie: one = „man"**
> in unpersönlichen Konstruktionen:
>
>> Es ist sehr dunkel. Man kann nicht sehen.
>> *It is very dark. One cannot see.*

without paying the bill.
[uið'aut 'päjing ðe bill.]
ohne die Rechnung zu bezahlen.

If we want to go to the movies
[if ui uont tu gou to ðe 'muːviz]
Wenn wir ins Kino gehen wollen,

we must buy a ticket.
[ui mast bai ə 'ticket]
müssen wir eine Eintrittskarte kaufen.

Can – must

Die beiden Hilfsverben *can* („können") und *must* („müssen") haben nur eine Form. Sie stehen vor dem Infinitiv des Hauptverbs, wobei das *to* des Infinitivs sowie das *-s* der dritten Person Singular wegfällt.

> *He must go* – Er muß gehen
> *She can come* – Sie kann kommen

Bei den Hilfsverben *wish* und *want* (beide bedeuten „wollen" oder „wünschen") steht der nachfolgende Infinitiv mit *to,* und auch das *-s* der dritten Person Singular wird verwendet.

> *He wants to speak* – Er möchte sprechen

If you wish to travel on a bus
[if ju uisch tu 'trävəl on ə bas]
Wenn sie mit dem Bus reisen wollen

or to take the subway
[oː tu täik ðe 'sabuäi]
oder mit der U-Bahn fahren wollen,

you have to pay the fare.
[ju häv tu päi ðe fäə.]
müssen Sie den Fahrpreis bezahlen.

„Müssen" und „wollen"

Für diese beiden Hilfsverben gibt es im Englischen jeweils zwei Begriffe:

> müssen – *must, to have to*
> wollen – *to want, to wish*

When we drive a car
[uen ui draiv ə caː]
Wenn wir ein Auto fahren,

we should check the petrol,
[ui schud tschek ðe 'petrol,]
sollten wir das Benzin überprüfen,

oil, and water.
[oil änd uoːtə]
(sowie) Öl und Wasser.

Should = „sollte(n)"/„solltest"

Das Konditional wird nicht mit dem Hauptverb gebildet, sondern mit einem Hilfsverb, das dem Hauptverb voransteht. „Sollte(n)"/"solltest" zusammen mit einem Infinitiv kann man mit *should* oder mit *ought to* übersetzen, wobei *ought to* noch den Beiklang einer „moralischen" Verpflichtung hat.

> Sie sollten diesen Film sehen.
> *You should see that film.*
> Er sollte einen Arzt aufsuchen.
> *He ought to see a doctor.*

A car can't run without these.
[ə kaː kaːnt ran uiðˈaut ðiːz.]
Ein Auto kann ohne diese Dinge nicht fahren.

If you wish to make a long trip by car
[if ju uisch tu mäik ə long trip bai kaː]
Wenn sie eine lange Reise mit dem Auto machen wollen,

you should go to a petrol station
[ju schud gou tu ə ˈpetrol ˈsteischən]
sollten Sie zu einer Tankstelle fahren,

to buy petrol.
[tu bai ˈpetrol.]
um Benzin zu kaufen.

At the petrol station

Beachten Sie die Ausdrücke, die beim Besuch einer *petrol station* oder *service station* (in Amerika: *gas station*) nützlich sind:

> *Fill it up!* = Volltanken!
> *Check the oil.* = Kontrollieren Sie das Öl.

Check the tires. = Kontrollieren Sie die Reifen.

Check the battery. = Kontrollieren Sie die Batterie.

This is broken. = Das ist kaputt.

Can you fix it? = Können Sie es reparieren?

Two young women have a problem.
[tu jang 'uimin häv ə 'probləm.]
Zwei junge Frauen haben ein Problem.

Their car has a flat tire.
[ðeə ka: häz ə flät 'taiə.]
Ihr Auto hat einen platten Reifen.

They can't change it themselves
[ðei ka:nt 'tscheindschit ðem'selvz]
Sie können ihn nicht selbst auswechseln

because they need a jack.
[biko:z ðei ni:d ə dschäk.]
weil sie einen Wagenheber brauchen.

A young man arrives in a sports car.
[ə jang män ə'raivz in ə spo:ts ka:]
Ein junger Mann kommt in einem Sportwagen an.

He asks them:
Er fragt sie:
[hi a:sks ðəm:]

May I help you?
[mäi ai help ju?]
Kann ich Ihnen helfen?

Die Höflichkeit
„Können" wird mit *can* oder aber auch mit *may* übersetzt. *May* ist jedoch höflicher und schließt eine Erlaubnis mit ein, wohingegen *can* nur eine Möglichkeit ausdrückt.

Darf ich mit hier hinsetzen? – *May I sit here?*

—Yes, indeed!
[jes, in'di:d!]
Ja, tatsächlich!

Could you lend us a jack?
[kud ju lend as ə dschäk?]
Könnten Sie uns einen Wagenheber leihen?

—I could do even more, he says.
[ai kud du 'iven mo:, hi säz]
Ich könnte sogar mehr tun, sagt er.

I can change the tire for you.
[ai kän tscheindsch ðe 'taiə fo: ju.]
Ich kann für Sie den Reifen wechseln.

BEISPIELUNTERHALTUNG:
EINE REISE MIT DEM FLUGZEUG

A MAN:
[ə män:]
EIN MANN:

 Do you have an early flight
 [du ju häv ən 'əli flait]
 Haben Sie einen frühen Flug

 to New York tomorrow?
 [tu ŋju yo:k tu'morrou?]
 nach New York für morgen?

AIRLINE CLERK:
['äəlain kla:k:]
FLUGGESELLSCHAFTSANGESTELLTER:

 Yes. Flight 121 is a direct flight.
 [jes. flait uan tu: uan 'izə 'dairekt flait.]
 Ja. Flug 121 ist ein direkter Flug.

 It leaves at 9:15 A.M.
 [it li:vz ät nain 'fifti:n äi em.]
 Er fliegt um 9 Uhr 15 morgens ab,

 and arrives at 12:15 P.M.
 [ändə'raivz ät tuelv 'fifti:n pi em.]
 und kommt um 12 Uhr 15 an.

MAN:

 That's too late.
 [ðäts tu: leit.]
 Das ist zu spät.

 I have to be there before noon.
 [ai häv tu bi: ðeə bi'fo: nu:n.]
 Ich muß vor 12 Uhr mittags da sein.

Can't you put us on a flight
[kaːnt ju put as on ə flait]
Können Sie uns keinen Flug geben,

that leaves earlier?
[ðät liːvz 'əliə?]
der früher abfliegt?

CLERK:

Well, you could take flight 906.
[uel, ju kud teik flait nain ou siks.]
Nun, Sie könnten Flug 906 nehmen.

It leaves at 7:30 A.M.
[it liːvz ät 'seven 'θɜti ei em.]
Er startet um 7 Uhr 30 morgens.

THE MAN'S WIFE:
[ðe mänz uaifː]
DIE EHEFRAU DES MANNES:

But dear,
[bat diə,]
Aber Liebling,

it takes an entire hour
[it teiks ən in'taiə 'hauə]
wir brauchen eine ganze Stunde,

to get to the airport.
[tu get tu ði 'äəpoːt]
um zum Flughafen zu kommen.

I don't want to get up so early.
[ai dount uant tu get ap sou 'ɜli.]
Ich möchte nicht so früh aufstehen.

MAN:

I'm sorry, but I can't
[aim sori, bat ai kaːnt]
Es tut mir leid, aber ich kann nicht

arrive late for the conference.
[ə'raiv leit fɔː ðe 'konfərəns.]
zu spät zur Konferenz kommen.

WIFE:

All right then, if you think
[oːl rait ðen, if ju θink]
Gut, wenn du denkst,

it's so important.
[its sou im'poːtənt.]
daß es so wichtig ist.

CLERK:

Do you wish to travel first class or tourist?
[du ju uisch tu 'trävəl fɜst klaːs ɔː 'tuːrist?]
Möchten Sie in der ersten Klasse oder in der Touristenklasse reisen?

MAN:

What's the difference in the cost?
[uats ðe 'difrəns in ðe kost?]
Was ist der Unterschied im Preis?

CLERK:

First class is $270.
[fɜst klaːs iz 'tuhandrədändseventi 'dollaːz.]
Die erste Klasse kostet 270 Dollar.

Tourist class costs $185
['tuːrist klaːs kosts'uanhandrədändeitifaiv 'dollaːz]
Die Touristenklassen kostet 185 Dollar

including tax.
[in'kluːding täks.]
Mehrwertsteuer eingeschlossen.

MAN:

Give me two tickets tourist class.
[giv mi tuː 'tickets 'tuːrist klaːs.]
Geben Sie mit zwei Tickets für die Touristenklasse.

CLERK:

One way or round trip?
[uan uei oː raund trip?]
Einfach oder Hin- und Rückfahrt?

MAN:

Round trip.
[raund trip.]
HIn- und Rückfahrt.

But leave the return open.
[bat liːv ðe ritɜn oupən.]
Aber lassen Sie die Rückfahrt offen.

We may stay in New York for a week.
[ui mäi stäi in nju joːk 'foːrə uiːk.]
Wir bleiben vielleicht eine Woche in New York.

May – might

May deutet hier eine Möglichkeit an, die man
mit „vielleicht" oder, „es könnte sein, daß"
übersetzen kann. Man könnte in diesem Zusammenhang auch *might* verwenden, nur
wäre die Wahrscheinlichkeit, daß die Möglichkeit eintrifft, geringer.

WIFE:

I hope so.
[ai houp sou.]
Hoffentlich.

While you are at your meetings
[uail ju aː'rät juə miːtingz]
Während du auf deinen Konferenzen bist,

I can go shopping.
[ai kän gou 'schopping.]
kann ich einkaufen gehen.

To go mit dem Gerundium

Die folgenden Konstruktionen sind sehr häufig,
und sie zeigen, wie oft das Englische das Gerundium benutzt:

to go swimming – schwimmen gehen
to go for a walk – spazieren gehen
to go dancing – tanzen gehen
to go skating – rollschuhlaufen gehen
to go walking – einen Spaziergang machen

CLERK:

Please arrive at the airport
[pliːz ə'raiv ät ði 'äəpoːt]
Bitte kommen Sie zum Flughafen

one hour before flight time.
[uan 'auə bi'foː flait taim.]
eine Stunde vor dem Abflug.

WIFE:

Why must we get there so early?
[uai mast ui get ðeə sou ɜly?]
Warum müssen wir so früh dort sein?

CLERK:

It's necessary
[its 'nesesäri]
Es ist nötig

for passenger and baggage check-in
[foː 'päsendscher änd 'bägidsch tschek in]
für das Einchecken der Passagiere und des Gepäcks

and for passing through security control.
[änd foː 'paːsing θru se'kjuriti kon'troul.]
und um durch die Sicherheitskontrolle zu gehen.

Have a nice trip!
[häv ə nais trip!]
Eine schöne Reise noch!

Travelling by plane
Die folgenden Sätze werden bei einer Flugreise
am häufigsten gebraucht.
Which is the gate for flight 121?
Welches ist das gate für den Flug 121?

When is the meal served?

Wann wird das Essen serviert?

At what time do we arrive?

Um wieviel Uhr kommen wir an?

Where is the baggage delivered?

Wo wird das Gepäck abgegeben?

Why is the plane delayed?

Warum hat der Flug Verspätung?

TESTEN SIE IHR ENGLISCH!

Vervollständigen Sie die folgenden Sätze, indem Sie das, was Sie in Step 9 gelernt haben, verwenden. Berechnen Sie sich 10 Punkte für jede richtige Antwort.

1. If we want to go to the movies _____

2. If we wish to eat at a restaurant _____

3. We cannot eat at a restaurant _____

4. If you wish to travel on a bus _____

5. When we drive a car we should _____

6. A car cannot run without _____

7. You should go to a gas station _____

8. To change a flat tire _____

9. On a plane we can travel _____

10. At an airport we must _____

Antworten: 1. we must buy a ticket. 2. we must have money – or a credit card. 3. without paying the check. 4. you have to pay the fare. 5. check the petrol and oil. 6. petrol and oil. 7. to buy petrol. 8. you need a jack. 9. first class or tourist. 10. pass through security control.

Ergebnis: _____ %

120

Suddenly the alarm clock rings.
['saddənli ði ə'laːm klock ringz.]
Plötzlich schellt der Wecker.

Mr. Wilson wakes up.
['mistə 'uilsən uäiks ap.]
Herr Wilson wacht auf.

He shuts the alarm clock off
[hi schats ði ə'laːm klock of]
Er schaltet den Wecker aus,

and gets up out of bed.
[änd gets ap aut ov bed.]
und steht aus dem Bett auf.

Präpositionen + Verben = Phrasal Verbs
Beachten Sie, wie kurze Verben in Verbindung mit Präpositionen eine besondere Bedeutung bekommen, die sich weitgehend nach der Präposition richtet. Diese Konstruktionen heißen im Englischen *Phrasal Verbs*. Hier nur eine kleine Auswahl der vielen *Phrasal Verbs* mit *to get:*

> *to get about* – sich erholen
> *to get along* – zurechtkommen
> *to get away* – fliehen
> *to get back* – zurückkehren
> *to get in* – einsteigen; eintreffen

He washes, shaves,
[hi 'uoschiz, scheivz,]
Er wäscht sich, rasiert sich,

cleans his teeth,
[kliːnz hiz tiːθ,]
putzt sich seine Zähne,

combs and brushes his hair,
[koumz änd 'braschiz hiz häə,]
kämmt und bürstet sein Haar,

and then gets dressed.
[änd ðen gets dresst.]
und zieht sich dann an.

A little later his wife gets up.
[ə 'littel 'leitə hiz uaif gets ap.]
Ein wenig später steht seine Frau auf.

She starts to prepare breakfast.
[schi staːts tu 'pripäə 'brekfəst.]
Sie beginnt das Frühstück zu machen.

The children get up and dress themselves.
[ðe 'tschildrən get ap änd dress ðəm'selvz.]
Die Kinder stehen auf und ziehen sich an.

Then they all sit down at the table
[ðen ðei oːl sit daun ät ðe 'täibel]
Dann setzten sich alle an den Tisch

and have breakfast.
[änd häv 'brekfəst.]
und frühstücken.

Wie man das reflexive „sich" übersetzt

Das reflexive „sich" hat keine genaue englische
Entsprechung. Die Verben, die im Deutschen
reflexiv sind, werden im Englischen folgendermaßen übersetzt:

1. mit einem Einzelverb:

   Er zieht sich an – *He dresses*

2. mit Reflexivpronomen, die nach Verben der
   Körperpflege und der Bewegung stehen.

Diese Pronomen haben die Endung -*self* bzw.
-*selves,* je nach der Anzahl der Personen:

> *myself* – mir/mich
> *yourself* – dir/dich
> *himself* – sich
> *herself* – sich
> *itself* – sich
> *ourselves* – uns
> *yourselves* – euch
> *themselves* – sich

Sie waschen sich. – *They wash themselves.*
Sie schaut sich im Spiegel an. – *She looks at*
herself in the mirror.
Ich rasiere mich. – *I shave myself.*

After breakfast
['aːftə 'brekfəst]
Nach dem Frühstück

Mr. Wilson puts on his coat and hat,
['mistə 'uilsən puts on hiz kout änd hät,]
zieht sich Mister Wilson seine Jacke an und setzt sich seinen Hut auf,

takes his briefcase,
[täiks hiz 'briːfkäis,]
nimmt seinen Aktenkoffer,

kisses his wife,
['kissiz hiz uaif,]
küßt seine Frau,

and goes off to work.
[änd gouz of tu uək.]
und geht zur Arbeit.

The children go off to school.
[ðə 'tschildrən gou off tu skuːl.]
Die Kinder gehen in die Schule.

Mr. Wilson walks to the corner.
['mistə 'uilsən uoːks tu ðe koːnə.]
Mister Wilson geht bis zur Ecke.

He gets on the bus.
[hi gets on ðə bas.]
Er steigt in den Bus.

When the bus gets to his stop,
[uen ðe bas gets tu hiz stop,]
Als der Bus an seiner Haltestelle ankommt,

he gets off.
[hi gets off.]
steigt er aus.

He goes into an office building,
[hi gouz 'intu ən 'offis 'bilding,]
Er geht in ein Bürogebäude,

gets into an elevator,
[gets 'intu ən 'eləveitə,]
steigt in ein Fahrstuhl,

and goes up to his office.
[änd gouz ap tu hiz 'offis.]
und fährt hinauf in sein Büro.

BEISPIELUNTERHALTUNG: AUF DEM WEG ZU EINER GESCHÄFTSBESPRECHUNG

—Hurry up!
 ['hari ap!]
 Beeilen Sie sich!

 We're going to be late for the meeting.
 [uiə gouing tu bi leit foː ðe 'miːting.]
 Wir werden zu spät zur Besprechung kommen.

—Calm down!
 [kaːm daun!]
 Beruhigen Sie sich!

 We still have time.
 [ui still häv taim.]
 Wir haben noch Zeit.

 Let's see …
 [lets siː …]
 Mal sehen …

 What else do we need?
 [uot els du ui niːd?]
 Was brauchen wir noch?

—Don't forget to bring the financial reports
 [dount foː'get tu bring ðe fai'nänschəl ri'poːts]
 Vergessen Sie nicht die Finanzberichte

 and the correspondence
 [änd ðe kores'pondəns]
 und die Korrespondenz,

relating to the contract.
[ri'leiting tu ðe 'konträkt.]
die sich auf den Vertrag bezieht.

—There!
[ðeə!]
So!

Everything is ready!
['evriθing iz 'redi!]
Alles ist fertig!

—Where is the car?
['ueriz ðe kaː?]
Wo ist das Auto?

—It's across the street,
[its ə'kros ðe striːt,]
Es steht auf der anderen Seite der Straße,

in the parking lot.
[in ðe 'paːking lot.]
auf dem Parkplatz.

—Wait!
[ueit!]
Warten Sie!

The most important thing of all –
[ðe moust im'poːtənt θing ov oːl –]
Das allerwichtigste –

the contract!
[ðe 'konträkt!]
der Vertrag!

Where is it?
[uer 'izit?]
Wo ist er?

—Don't worry!
[dount 'uori!]
Machen Sie sich keine Sorgen!

I have it here.
[ai 'hävit hiə.]
Ich habe ihn hier.

Look; I know
[luk; ai nou]
Schauen Sie; ich weiß,

you are excited and worried.
[ju aːrik'saitid änd 'uariːd.]
daß Sie aufgeregt und besorgt sind.

But take it easy!
[bat teik it 'iːzi!]
Aber nehmen Sie es leicht!

And above all,
[änd ə'bav oːl,]
Und vor allem,

don't get nervous during the meeting!
[dount get 'nɜvəs 'djuːring ðe 'miːting!]
werden Sie während der Besprechung nicht nervös!

Everything is going to come out fine.
['evriθing iz 'gouing tu kam aut fain.]
Alles wird gutgehen.

Eine linguistische Information

Das Englische hat einen größeren Wortschatz als viele andere Sprachen. Der Hauptgrund dafür ist, daß das Englische eine Kombination aus verschiedenen Sprachen ist, hauptsächlich Angelsächsisch und Französisch, eine romanische Sprache, die nach der Eroberung Englands durch die Normannen (1066) in England eingeführt worden ist.

So kommt es, daß das Englische für fast jedes wichtige Verb zwei Verben hat, eins lateinischen und eins sächsischen Ursprungs. Nachstehend finden Sie eine kleine Liste solcher Wörter:

GERMANISCH	ROMANISCH	ÜBERSETZUNG
get	*obtain*	bekommen
get to	*arrive at*	ankommen
get in	*enter*	eintreten
look at	*observe*	beobachten
understand	*comprehend*	verstehen
think about	*consider*	bedenken

Die sächsische Version wird jedoch in der Umgangssprache öfter benutzt (beachten Sie die vielen Kombinationen von *go* und *get*). Es ist wichtig, sich diese Verben und die Präpositionen zu merken, um sie in der schnellen Umgangssprache wiedererkennen und anwenden zu können.

Auch auf „kulinarischem" Sektor ist die eben erwähnte Besonderheit des Englischen gut zu beobachten, wobei es besonders interessant ist, daß die Namen der Lebensmittel oft romanischen (also französischen) Ursprungs sind, während die Namen der Tiere, von denen diese Lebensmittel stammen, auf germanische Wurzeln zurückgehen. Nur zwei Beispiele:

Das Kalb als Tier heißt *calf* (das deutsche Wort ist deutlich zu erkennen) – das Wort für Kalbfleisch ist *veal* (vgl. franz. *viande*); „Schwein" heißt *pig* (germanisch), „Schweinefleisch" ist *pork* (romanisch).

TESTEN SIE IHR ENGLISCH

Übung 1:
Kombinieren Sie die deutschen Verben mit den richtigen englischen Konstruktionen. Schreiben Sie die Nummer des deutschen Infinitivs in die Lücke. Berechnen Sie sich 5 Punkte für jede richtige Antwort.

1. bekommen   _____ to go in

2. aufwachen   _____ to get off

3. aufstehen   _____ to have breakfast

4. eintreten   _____ to shave

5. einsteigen   _____ to get

6. aussteigen   _____ to wash

7. anziehen   _____ to get on

8. sich waschen   _____ to get up

9. sich rasieren   _____ to wake up

10. frühstücken   _____ to put on

Übung 2:
Übersetzen Sie folgende Imperative ins Englische. Berechnen Sie sich 10 Punkte für jede richtige Übersetzung.

11. Beeilen Sie sich!   _____

12. Warten Sie eine Minute   _____

13. Machen Sie sich keine Sorgen! _____

14. Werden Sie nicht nervös!   _____

15. Nicht vergessen!   _____

Die Auflösung finden Sie auf der folgenden Seite!

Antworten:

Übung 1:

4, 6, 10, 9, 1, 8, 5, 3, 2, 7.

Übung 2:

11. Hurry up! 12. Wait a minute! 13. Don't worry! 14. Don't get nervous!
15. Don't forget!

Ergebnis: _____ %

It is a summer day on the beach.
[it iz ə 'sammə dei on ðe biːtsch.]
Es ist ein Sommertag am Strand.

The sky is light blue
[ðe skai iz lait blu]
Der Himmel ist hellblau

with white clouds.
[uiθ uait klaudz.]
mit weißen Wolken.

The sea is dark blue.
[ðe siː iz daːk blu]
Das Meer ist dunkelblau.

Three girls are sitting on the sand.
[θriː gɜlz aː 'sitting on ðe sänd.]
Drei Mädchen sitzen auf dem Sand.

They don't want to swim.
[ðei dount uont tu suim.]
Sie wollen nicht schwimmen.

The water is cold
[ðe 'uotəriz kould]
Das Wasser ist kalt

and there are big waves.
[änd 'ðeəraː big ueivz.]
und es gibt große Wellen.

But the sun is hot.
[bat ðe san iz hot.]
Aber die Sonne ist heiß.

They prefer
[ðei pri'fɜ]
Sie ziehen es vor,

to get tanned in the sun.
[tu get tänd in ðe san.]
sich in der Sonne zu bräunen.

One of them has a red and yellow bathing suit.
[uon ov ðem häz ə red änd 'jellou 'beiθing sjut.]
Eine von ihnen hat einen rotgelben Badeanzug.

The suit of another is green.
[ðe sjut ov ə'naðə iz gri:n.]
Der Badeanzug einer anderen ist grün.

The third one
[ðe θɜd uan]
Die dritte

is wearing a black bikini.
[iz 'uering ə bläck bi'kini.]
trägt einen schwarzen Bikini.

What colour is it?
Hier sind die wichtigsten Farben:

blue – blau
red – rot
yellow – gelb
green – grün
orange – orange
purple – violett
pink – pink
gray – grau
brown – braun
black – schwarz
white – weiß

Near the girls
[niə ðe gɜlz]
In der Nähe der Mädchen

some boys are singing,
[sam boiz aː 'singing,]
singen einige Jungen,

and one of them
[änd uan ov ðem]
und einer von ihnen

is playing a guitar.
[iz 'pleijing ə 'gitaː]
spielt Gitarre.

The girls are listening to the music.
[ðe gɜlz aː 'lisening tu ðe 'mjuzik.]
Die Mädchen hören der Musik zu.

The boys like to sing,
[ðe boiz laik tu sing,]
Den Jungen gefällt es, zu singen,

and the girls are delighted to listen.
[änd ðe gɜlz aː di'laitid tu 'lisen.]
und die Mädchen sind erfreut, zuzuhören.

A blond girl says to a dark haired one,
[ə blond gɜl säz tu ə daːk häəd uan,]
Ein blondes Mädchen sagt zu einem dunkelhaarigen:

  "They sing very well.
  [ðei sing 'veri uell.]
  „Sie singen sehr gut.

  Don't you think so?"
  [dount ju θink sou?]
  Meinst Du nicht auch?"

  "I agree,"
  [ai ə'griː]
  „Stimmt,"

replies the brunette.
[ri'plaiz ðe bru'net.]
antwortet die Dunkelhaarige.

"They all sing well,
[ðei oːl sing uell,]
„Alle singen gut,

but the one on the left
[bat ðe uan on ðe left]
aber der linke

sings better than the others."
[singz 'bettə ðän ði 'aðəz.]
singt besser als die anderen."

"You are wrong,"
[ju aː rong,]
„Du irrst dich,"

says the third girl.
[säz ðe θɜd gɜl.]
sagt das dritte Mädchen.

"The one who is on the right
[ðe uan hu iz on ðe rait]
„Der auf der rechten Seite

sings the best of all."
[singz ðe best ov oːl.]
singt am besten von allen."

Steigerung der Adverbien

Adverbien steigert man mit *more* und *most:*

> *slowly – more slowly – most slowly*
> langsam – langsamer – am langsamsten

Ausnahme sind folgende Adverbien:

> *well –better – best*
> gut – besser – am besten

> *badly – worse – worst*
> schlecht – schlechter – am schlechtesten

> *little – less – least*
> wenig – weniger – am wenigsten

After a while
['aftərə uail]
Nach einer Weile

the boys stop singing.
[ðe boiz stop 'singing.]
hören die Jungen auf zu singen.

One says to another,
[uan säz tu ə'naðə,]
Einer sagt zu einem anderen:

"Those girls are really pretty, aren't they?
[ðouz gɜlz aː 'riəli 'pritti, aːnt ðei?]
„Diese Mädchen sind wirklich hübsch, nicht wahr?

I think the brunette is the prettiest."
[ai θink ðe bru'net iz ðe 'prittiest.]
Ich finde, die Dunkelhaarige ist die hübscheste."

"That's not true,"
[ðäts not tru,]
„Das stimmt nicht,"

says his friend.
[säz hiz frend.]
sagt sein Freund.

"The blond is prettier than she."
[ðe blond iz 'prittier ðän schiː]
„Die Blonde ist hübscher als sie."

"You are both wrong,"
[ju aː bouθ rong,]
„Ihr habt beide unrecht,"

says the third.
[säz ðe θɜd.]
sagt der dritte.

"Anyone can see that the redhead
['äniuan kän siː ðät ðe 'redhed]
„Jeder kann sehen, daß die Rothaarige

135

is the prettiest of all."
[iz ðe 'prittiest ov ɔːl.]
die hübscheste von allen ist."

Steigerung der Adjektive

Um Adjektive zu steigern, benutzt man die
Endungen -*er* und -*est*:

> *big – bigger – biggest*
> groß – größer – am größten

> *small – smaller – the smallest*
> klein – kleiner – am kleinsten

Hat das Adjektiv mehr als zwei Silben, steigert
man es mit Hilfe der Wörter *more* und *most*:

> *beautiful – more beautiful – most beautiful*
> schön – schöner – am schönsten

Unregelmäßige Steigerungen:

> *good – better – best*
> gut – besser – am besten

> *bad – worse – worst*
> schlecht – schlechter – am schlechtesten

BEISPIELUNTERHALTUNG: BEIM EINKAUF

A LADY (TO HER HUSBAND)
[ə 'läidi tu hɜ 'hasbənd]
EINE DAME (ZU IHREM EHEMANN)

We must buy some presents
[ui mast bai sam 'prezents]
Wir müssen einige Geschenke kaufen,

while we are in New York.
[uail ui 'aːrin nju joːk.]
während wir in New York sind.

This looks like a nice store.
[ðiz luks laik ə nais stoː]
Das sieht aus wie ein schöner Laden.

Let's go in.
[lets gou in.]
Gehen wir hinein.

Der Imperativ mit let

Let wird bei der ersten Person Plural als Imperativ benutzt.

> *Let's leave* – Gehen wir
> *Let's see* – Schauen wir

Andere Bedeutungen von *let* sind „erlauben" und „lassen":

Let me think – Lassen Sie mich nachdenken
Let him in – Lassen Sie ihn hinein
Let me ask you – Erlauben Sie mir, Sie zu fragen

AN EMPLOYEE:
[ən emploji:]
EIN ANGESTELLTER:

May I help you, madam?
[mäi ai help ju, 'mädəm?]
Kann ich Ihnen helfen, Madam?

THE LADY:
Yes, indeed.
[jes in'diːd.]
In der Tat.

Please show us some silk scarves.
[pliːz schou as sam silk skaːvz.]
Bitte zeigen Sie uns einige Seidenhalstücher

THE EMPLOYEE:
Here are two of our newest styles.
[hiər aː tu ov auə 'njuest stailz.]
Hier sind zwei unserer neuesten Modelle.

They are both signed by the designer.
[ðei aː bouθ saind bai ðe di'zainə.]
Sie sind beide vom Designer signiert.

Do you like them?
[du ju laik ðəm?]
Gefallen sie Ihnen?

Das Passiv
Das Passiv Präsens wird mit den Präsensformen von *to be* und dem Partizip Passiv des Verbs gebildet. Das Partizip Passiv wird meist gebildet, indem man an die Grundform des Verbs die Endungen *-ed, -d, -n* oder *-t* anhängt.

The bank is closed – Die Bank ist geschlossen
It is said that... – Es wird gesagt, daß...
Can this watch be fixed? – Kann diese Uhr repariert werden?
English is spoken here – Hier wird Englisch gesprochen

THE LADY:

> I prefer this one.
> [ai pri'fɜ ðiz uan.]
> Ich ziehe dieses vor.

> The colours are more cheerful
> [ðe 'kaləz aː moː 'tschiəful.]
> Die Farben sind fröhlicher,

> and the design is more interesting.
> [änd ðe di'zain iz moːr'intrəsting.]
> und das Design ist interessanter.

> How much is it?
> [hau matsch 'izit?]
> Wie teuer ist es?

THE EMPLOYEE:

> Forty-five dollars, madam.
> ['foːti faiv 'dollaːz, 'mädəm.]
> Fünfundvierzig Dollar, Madame.

THE LADY:

> Really?
> ['riəli?]
> Wirklich?

> That's rather expensive.
> [ðäts raːðə iks'pensiv.]
> Das ist ziemlich teuer.

> Perhaps you have something
> [pɜ'häps ju häv 'samθing]
> Vielleicht haben Sie etwas,

> that costs a little less.
> [ðät kosts ə 'litel less.]
> das ein bißchen weniger kostet.

THE EMPLOYEE:

> Yes we have.
> [jes ui häv.]
> Ja, haben wir.

But they are not pure silk.
[bat ðei aː not pjuə silk.]
Aber sie sind nicht aus reiner Seide.

How do you like these?
[hau du ju laik ðiːz?]
Wie gefallen Ihnen diese?

We have a wide selection
[ui häv ə uaid se'lekschən]
Wir haben eine große Auswahl

in different colours.
[in 'diffrent 'kaləz.]
in verschiedenen Farben.

They are less expensive,
[ðei aː less iks'pensiv,]
Sie sind nicht so teuer,

only $29.95.
['ounli 'tuentinain 'naintifaiv]
nur $29.95.

THE LADY:

    Good. Let's buy this violet one
    [gud. lets bai ðiz 'vaiəlet uan]
    Gut. Kaufen wir diesen violetten

    for Aunt Isabel.
    [foːr'aːnt isa'bel.]
    für Tante Isabel.

THE HUSBAND:

    I agree.
    [ai ə'griː]
    Einverstanden.

    And what do you suggest for Mother?
    [änd uot du ju sə'dschest foː 'maðə?]
    Und was schlägst du für Mutter vor?

THE EMPLOYEE:

Look at this beautiful necklace, sir.
[luk ät ðis 'bjuːtiful 'neklis, sɜ]
Schauen Sie sich diese schöne Halskette an, mein Herr.

It costs only $75.
[it kosts 'ounli 'seventifaiv 'dollaːz.]
Sie kostet nur $75.

THE LADY:

Should we buy it, dear?
[schud ui bai it, diə?]
Sollen wir sie kaufen, Liebes?

THE HUSBAND:

Why not?
[uai not?]
Warum nicht?

Here is my credit card.
['hieriz mai 'kredit kaːd.]
Hier ist meine Kreditkarte.

By the way. I really should
[bai ðe uei. ai 'riəli schud]
Übrigens, ich sollte wirklich

buy something for my secretary.
[bai 'samθing foː mai 'sekrətäri.]
etwas für meine Sekretärin kaufen.

Those earrings over there…
[ðous 'iərings 'ouvə ðeə…]
Diese Ohrringe dort…

May I see them?
[mäi ai siː ðəm?]
Darf ich sie mal sehen?

THE EMPLOYEE:

Certainly, sir.
['sɜrtənli, sɜ.]
Sicher, mein Herr.

They are made of pure gold.
[ðei aː mäid ov pjuə gould.]
Sie sind aus reinem Gold.

THE LADY:

Alfred, for heavens sake!
['älfred, foː 'hävənz säik!]
Alfred, um Himmels Willen!

We can't spend so much money
[ui kaːnt spend sou matsch 'mani]
Wir können nicht so viel Geld ausgeben

on a present for your secretary.
[on ə 'present foː juə 'sekrətäri.]
für ein Geschenk für deine Sekretärin.

In any case
[in äni keis]
Auf jeden Fall

those earrings can't be worn in the office.
[ðouz 'iəringz kaːnt bi uoːn in ði 'offis.]
diese Ohrringe kann man nicht im Büro tragen.

Why not get her a scarf?
[uai not get 'hərə skaːf?]
Warum holen wir ihr nicht ein Halstuch?

Here is a pretty one.
['hieriz ə 'pritti uan.]
Hier ist ein schönes.

It shows an illustrated street plan of Manhattan.
[it 'schouzən 'iləstreitid striːt plän ov mən'hättən.]
Es zeigt einen bebilderten Stadtplan von Manhattan.

It would be an attractive souvenir.
[it wud bi ən ə'träktiv 'suvenir.]
Das wäre ein schönes Souvenir.

THE HUSBAND:

Well … all right, then.
[uell … o:l'rait ðen.]
Gut … in Ordnung.

Can it be gift wrapped?
[kän it bi gift räpt?]
Kann es als Geschenk eingepackt werden?

THE EMPLOYEE:

Madam, don't you wish
['mädəm, dount ju uisch]
Madam, wollen Sie sich nicht

to look at the earrings?
[tu luck ät ði 'iəringz?]
die Ohrringe ansehen?

Nüzliche Redewendungen beim Einkauf
I'm just looking – Ich schaue mich nur um.
Please show me… – Bitte zeigen Sie mir…
　　that one – dieses
　　another colour – eine andere Farbe
　　larger, smaller – größer, kleiner
　　something cheaper – etwas billigeres
　　Please send it – Schicken Sie es bitte
　　…to my hotel – …in mein Hotel
　　…to this address – …an diese Adresse
I'm going to take it with me – Ich nehme es mit.
The receipt [risi:t], *please* – Die Quittung, bitte.

Das Wort *receit* ist schwierig auszusprechen, deshalb haben wir in diesem Fall ausnahms- weise die Aussprache in eckigen Klammern angegeben. Sie sollten dieses Wort übrigens nicht mit dem deutschen „Rezept" verwechseln – dieses heißt aus Englisch *recipe* ['resipi:] – so- wohl als Kochrezept als auch als Medikamenten- rezept.

THE LADY:

Yes, they are beautiful –
[jes, ðei aː 'bjuːtiful –]
Ja, sie sind wunderschön –

and very well made.
[änd veri uell mäid.]
und sehr gut gemacht.

But I suppose
[bat ai sə'pouz]
Aber ich nehme an,

they are very expensive.
[ðei aː 'veri iks'pensiv.]
sie sind sehr teuer.

THE EMPLOYEE:

That's true,
[ðäts tru,]
Das stimmt,

but they are of the best quality.
[bat ðei aː'rov ðə best 'kuoliti.]
aber sie sind von bester Qualität.

The price is $575.
[ðe prais iz faiv 'handrəd 'seventifaiv 'dollaːz.]
Der Preis ist $575.

THE HUSBAND:

It doesn't matter.
[it daznt 'mättə.]
Das macht nichts.

If you like them,
[if ju laik ðem,]
Wenn sie dir gefallen,

I'm going to buy them for you.
[aim gouing tu bai ðem foː ju.]
kaufe ich sie für dich.

**Das present progressive
kann Zukunft ausdrücken**
Obwohl das Futur erst in der nächsten Lektion
behandelt wird, lernen Sie hier bereits, wie die
Zukunft mit dem *present progressive* ausge-
drückt wird:
I'm going to lunch at one o'clock
　　　　　Ich werde um 13 Uhr zu mittag essen.
Next year I'm going to Europe
　　　　Nächstes Jahr werde ich nach Europa fahren
Next year I'm taking a course in French
　　　　Nächstes Jahr werde ich einen Französischkurs
　　　　　　　　　　　　　　　　　　besuchen

THE LADY:

Oh, how nice you are!
[ou, hau nais ju aː!]
Oh, wie nett du bist!

You are the best husband in the world.
[ju aː ðe best ʻhazbənd in ðe uɜld!]
Du bist der beste Ehemann der Welt!

TESTEN SIE IHR ENGLISCH

Übung 1:
Übersetzen Sie ins Englische. Berechnen Sie sich 5 Punkte für jede richtige Übersetzung.

1. Er singt besser als die anderen. _____

2. Er singt am besten von allen. _____

3. Die Mädchen wollen nicht _____

   schwimmen. _____

4. Sie ziehen es vor, sich _____

   in der Sonne zu bräunen. _____

5. Die Jungen mögen es, zu singen. _____

6. Die Mädchen sind erfreut, _____

   zuzuhören. _____

7. Ich finde, die Braunhaarige _____

   ist die hübscheste. _____

8. Die Blonde ist hübscher als sie. _____

9. Die Rothaarige ist die _____

   hübscheste von allen. _____

10. Der Himmel ist hellblau; _____

    das Meer ist dunkelblau. _____

Übung 2:
Übersetzen Sie ins Deutsche. Berechnen Sie sich 10 Punkte für jede richtige Übersetzung.

11. We must buy some presents. _____

12. Show us some

    silk scarves, please.

    _____

    _____

13. I prefer this one; the colours

    are more cheerful.

    _____

    _____

14. Look at his beautiful necklace.

    Do you like it?

    _____

    _____

15. You are the best

    husband in the world.

    _____

    _____

Antworten:

Übung 1:
1. He sings better than the others. 2. He sings the best of all. 3. The girls don't want to swim. 4. They prefer to get tanned in the sun. 5. The boys like to sing. 6. The girls are delighted to listen. 7. I think that the brunette is the prettiest. 8. The blond is prettier than she. 9. The redhead is the prettiest of all. 10. The sky is light blue; the sea is dark blue.

Übung 2:
11. Wir müssen einige Geschenke kaufen. 12. Zeigen Sie uns einige Seiden-halstücher, bitte. 13. Ich ziehe dieses vor; die Farben sind fröhlicher. 14. Schauen Sie sich diese wunderschöne Halskette an. Gefällt sie Ihnen? 15. Du bist der beste Ehemann der Welt.

Ergebnis: _____ %

The future tense is easy.
[ðe 'fjutschə tens iz 'iːzi.]
Das Futur ist leicht.

For the affirmative
[foː ði ə'fɜmətiv]
Für das Affirmativ

use *will* before the verb.
[juːz uill biˈfoː ðe vɜb.]
stellen sie *will* vor das Verb.

> Tomorrow will be a holiday.
> [tuˈmorou uill bi ə 'hollidei.]
> Morgen wird ein Feiertag sein.

> We will go to the beach.
> [ui uill gou tu ðe biːtsch.]
> Wir werden zum Strand gehen.

> If the weather is nice
> [if ðe 'ueðəriz nais]
> Wenn das Wetter gut ist,

> we will go swimming.
> [ui uill gou 'suimming.]
> werden wir schwimmen gehen.

For the negative use *will not*.
[foː ðe 'negətiv juːz uill not.]
Für die Verneinung benutzen Sie *will not*.

> If it rains
> [if it räinz]
> Wenn es regnet,

148

we will not stay at the beach.
[ui uill not stäi ät ðe biːtsch.]
werden wir nicht am Strand bleiben.

We will return home and perhaps
[ui uill riˈtɜn houm änd pɜˈhäps]
Wir werden nach Hause zurückgehen und vielleicht

we will go to the movies.
[ui uill gou tu ðe ˈmuviːz.]
werden wir ins Kino gehen.

A young man and an old man
[ə jang män ˈändən ould män]
Ein junger Mann und ein alter Mann

are discussing the future:
[aː disˈkassing ðe fjuːtschə:]
diskutieren über die Zukunft:

THE YOUNG MAN:
Will men someday live on the moon?
[uill men ˈsamdäi liv on ðe muːn?]
Werden die Menschen irgendwann auf dem Mond leben?

THE OLD MAN:
Of course they will.
[ov koːs ðei uill.]
Sicher werden sie das.

There soon will be bases there and,
[ðeə suːn uill biː ˈbäisiz ðeəˈränd,]
Dort wird es bald Stationen geben und,

without doubt, daily flight service.
[uiðˈaut daut, ˈdäili flait sɜvis.]
ohne Zweifel, täglichen Flugdienst.

THE YOUNG MAN:
Do you think that men
[du ju θink ðät men]
Glauben Sie, daß Menschen

will reach the planets also?
[uill ri:tsch ðə 'plänəts 'o:lsou?]
auch die Planeten erreichen werden?

THE OLD MAN:
Certainly.
['sɜtənli.]
Sicher.

Once on the moon future trips
[uans on ðə mu:n 'fju:tschə trips]
Einmal auf dem Mond, werden zukünftige Ausflüge

to outer space will be easier,
[tu 'autə speis uill bi 'i:siə,]
in den fernen Raum einfacher sein,

and man will continue on to the planets.
[änd män uill kon'tinju: on tu ðə 'plänets.]
und der Mensch wird zu den Planeten weiterfliegen.

But I think that the astronauts
[bat ai θink ðät ði 'ästronauts]
Aber ich glaube, daß die Astronauten

will not get to the stars
[uill not get to ðə sta:z]
nicht zu den Sternen kommen werden

in the near future.
[in ðə niə 'fju:tschə.]
in naher Zukunft.

Perhaps you young people will see it.
[pə'häps ju: jang 'pi:pel uill si: it.]
Vielleicht werdet ihr jungen Leute es sehen.

In conversation *will* is frequently shortened
[in konver'seischn uill iz 'fri:kuentli 'scho:tend]
In der Unterhaltung wird *will* häufig abgekürzt

to *'ll* and *will not* becomes *won't*.
[to *'ll* änd uill not bi'kamz uount.]
zu *'ll* und *will not* wird zu *won't*.

I think I'll call the doctor
[ai θink ail koːl ðə 'doktə]
Ich glaube, ich werde den Arzt rufen

about the pain in my back.
[ə'baut ðə pein in mai bäck.]
wegen des Schmerzes in meinem Rücken.

Hello, doctor's office?
[he'lou, 'doktəz 'offis?]
Hallo, Arztpraxis?

This is Henry Davis.
[ðis iz 'henri 'deivis.]
Hier spricht Henry Davis,

Will the doctor be able to see me today?
[uill ðə 'doktə biː 'eibel tu siː mi tu'dei?]
Kann der Doktor mich heute empfangen?

He won't?
[hi uount?]
Er kann nicht?

What about tomorrow then?
[uot ə'baut tu'morrou ðen?]
Wie wäre es dann mit morgen?

Oh, he's never there on Wednesday?
[ou, hiːz 'nevə 'ðeəron 'wenzdei?]
Oh, er ist mittwochs nie da?

Will Thursday be possible?
[uill 'θɜzdei bi 'possibel?]
Wird es Donnerstag möglich sein?

Very well. I'll come at 8:30.
['veri uell. ail kam ät eit 'θɜti.]
Sehr gut. Ich werde um 8.30 Uhr kommen.

(To his wife)
[tu hiz uaif:]
(Zu seiner Frau)

His assistant says
[hiz ə'sistent säz]
Seine Assistentin sagt,

he'll be busy on Thursday.
[hi:l bi 'bizi on 'θɜzdei.]
er wird am Donnerstag beschäftigt sein.

Manchmal fällt that weg
Bei Konstruktionen wie „ich sage, daß", „ich sehe, daß", „ich denke, daß" etc. wird in der Umgangssprache oft das *that* weggelassen:

I think she's nice – Ich denke, daß sie nett ist.

And he'll leave on Friday
[änd hi:l li:v in 'fraidei]
Und er wird am Freitag wegfahren

for his vacation.
[fo: hiz və'keischn.]
in die Ferien.

Singular oder Plural
Englisch	Deutsch
vacation	Ferien

If I want to see him
[if ai uont tu si: him]
Wenn ich ihn sehen möchte

I'll have to get there before 9.
[ail häv tu get ðeə bi'fo: nain.]
Werde ich vor 9 Uhr dorthin kommen müssen.

Will you please remind me about it?
[uill ju pli:z ri'maind mi ə'baut it?]
Wirst du mich bitte daran erinnern?

Eine andere Verwendung von will

Außer als Hilfsverb bei der Bildung des Futur dient *will* auch als Höflichkeitsfloskel, da es bei Bitten, Einladungen und Befehlen höflicher ist als *want* oder *wish,* die auch mit „wollen" übersetzt werden können.

WIFE:

Don't worry. I won't forget.

[dount worri. ai uount fo'get.]

Mach' dir keine Sorgen. Ich werde es nicht vergessen.

Where is there a doctor?

Bei einem Arztbesuch sind folgende Sätze nützlich:

Ich habe Kopfschmerzen – *I have a headache*

Ich habe Halsschmerzen – *I have a sore throat*

Ich habe Magenschmerzen –

I have a stomach-ache

Mir ist schwindelig – *I'm dizzy*

Ich habe hier Schmerzen – *It hurts here*

Vielleicht sagt der Arzt zu Ihnen:

Sie müssen Bettruhe halten –

You must stay in bed.

Nehmen Sie das dreimal täglich –

Take this three times a day.

Das wird Ihnen helfen – *This will help you.*

Kommen Sie in zwei Tagen wieder –

Come back in two days.

BEISPIELUNTERHALTUNG: EINE REISE IN DIE U.S.A. WIRD GEPLANT

—You and Edward will go to the United States
[ju änd 'edwəd uill gou tu ðə ju'naitid steits]
Du und Edward werdet in die Vereinigten Staaten fahren

next month, won°t you?
[nekst manθ, uount ju?]
nächsten Monat, nicht wahr?

—Yes, we will leave on June 5th
[jes, ui uill li:v on dschu:n fifθ]
Ja, wir werden am 5. Juni abfahren

and won't come back
[änd uount kam bäck]
und wir werden nicht zurückkommen

until the end of August.
[an'til ði end ov o:gəst.]
vor Ende August.

> **What is the day?**
> Das Datum wird folgendermaßen ausgedrückt:
> Zuerst kommt der Monat, dann folgt der Tag als
> Ordinalzahl – das ist *1st (first), 2nd (second), 3rd
> (third)* und der Rest der Nummern mit der En-
> dung *-th.*
> Beispiel: 1. Januar   = *January 1st.*
>   25. Dezember = *December 25th.*

—That's the tourist season, isn't it?
[ðäts ðə 'turist 'si:zen, 'izntit?]
Das ist die Urlaubssaison, nicht wahr?

I hope you won't have difficulty with reservations.
[ai houp ju uount häv 'diffikəlti uið rezer'veischnz.]
Ich hoffe, ihr werdet keine Schwierigkeiten mit den Reservierungen
                                                        bekommen.

—There won't be a problem.
  [ðeə uount bi ə 'problem.]
  Es wird kein Problem geben.

  We already have them.
  [ui o:reddi häv ðəm.]
  Die haben wir schon.

—Where will you go first?
  [ueə uill ju gou fɜst?]
  Wohin werdet ihr zuerst gehen?

—We'll fly from London to the West Coast.
  [wiəl flai from 'landen tu ðə uest koust.]
  Wir werden von London aus zur Westküste fliegen.

  We'll change planes in New York.
  [wiəl tscheindsch pleinz in nju jo:k.]
  Wir werden in New York das Flugzeug wechseln.

  We'll visit Los Angeles and San Francisco.
  [uiəl 'vizit los 'ändscheles änd sän fränsiskou.]
  Wir werden Los Angeles und San Francisco besuchen.

  After that Ed wants to go to Las Vegas.
  ['aftə ðät ed uonts tu gou tu las 'vegas.]
  Danach möchte Ed nach Las Vegas fahren.

—I hope he wins at the casinos.
  [ai houp hi uinz ät ðə kə'zinouz.]
  Ich hoffe, er gewinnt in den Casinos.

—I hope so too.
  [ai houp sou tu:.]
  Das hoffe ich auch.

At least I hope he won't lose much.
[ät li:st ai houp hi uount lu:z matsch.]
Wenigstens hoffe ich, daß er nicht viel verliert.

Then we'll continue south to Florida.
[ðen uiəl kon'tinju: sauθ tu 'florida.]
Dann werden wir weiter südlich nach Florida fahren.

—Isn't Florida too hot in the summer?
[iznt 'florida tu: hot in ðə 'sammə?]
Ist Florida nicht zu heiß im Sommer?

—Oh, no.
[ou nou.]
Oh nein.

There's air conditioning everywhere.
[ðeəz äə kon'dischəning 'evriueə.]
Es gibt überall Klimaanlagen.

Besides, Ed will not leave the States
[bi'saidz, ed uill not li:v ðə steits]
Außerdem wird Ed die Staaten nicht verlassen,

without visiting Disney World,
[uið'aut 'viziting 'diznei uəld,]
ohne Disney World besucht zu haben,

and I would like
[änd ai wud laik]
und ich würde gerne

to see the International Exhibition at Epcot.
[tu si: ði intə'näschənəl eksi'bischən ät 'epkot.]
die Internationale Ausstellung in Epcot sehen.

Then we'll travel north to New York.
[ðen uiəl 'trävel no:θ tu nju jo:k.]
Dann werden wir in den Norden nach New York reisen.

There we'll see some plays
[ðəe uiəl si: sam pleiz]
Dort werden wir einige Theaterstücke ansehen

and I shall do my shopping.
[änd ai schäll du mai 'schopping.]
und ich werde meine Einkäufe machen.

Will – shall

Früher war der Unterschied zwischen *will* und *shall* (deren negative Formen *won't* und *shan't* sind) bei der Bildung des Futurs sehr genau definiert, aber heute gibt es keinen Unterschied mehr, da beide zu *'ll* werden.

Mit der Zeit wurde fast nur noch *will* benutzt, und heute kann man es bei jeder Form des Futurs benutzen. *Shall* im Futur kommt nur noch in der Umgangssprache in der ersten Person vor.

Wird *shall* bei allen Personen angewandt, drückt dies Verpflichtung, Müssen oder etwas, was passieren muß, aus. Ein in den U.S.A bekanntes Beispiel für diese Anwendung ist der Ausspruch des Generals MacArthur, der, als er von den Japanern aus den Philippinen ausgewiesen wurde, sagte: *"I shall return"* (Ich werde zurückkommen). Er benutzte *shall* um seine Überzeugung zu bekräftigen, daß er dies wirklich tun wolle.

—Will you visit New England?
[uill ju 'vizit nju 'inglənd?]
Werdet ihr Neuengland besuchen?

—We won't have time on this trip.
[ui uount häv taim in ðis trip.]
Wir werden auf dieser Reise keine Zeit haben.

Perhaps next year.
[pɜ'häps nekst jiə.]
Vielleicht nächstes Jahr.

From New York
[from nju joːk]
Von New York

we shall take a direct flight
[wi schäll teik a 'dairekt flait]
werden wir einen Direktflug

back to London.
[bäck tu 'landen.]
zurück nach London nehmen.

TESTEN SIE IHR ENGLISCH

Übung 1:
Setzen Sie in jeden Satz die entsprechende Futurform ein. Verwenden Sie dabei jeweils das Verb, dessen Infinitiv am Anfang jeder Aufgabe in Klammern steht. Berechnen Sie 5 Punkte für jede richtige Antwort.

1. (to be) Tomorrow _____ a holiday.

2. (to go) We _____ to the beach.

3. (to return) If it rains we _____ home.

4. (to call) I think I _____ the doctor.

5. (to go) On Saturday _____ to the movies.
   (Use "I" with contraction)

6. (to leave) Next week _____ on vacation.
   (Use "he" with contraction)

7. (to fly) _____ to the West coast. (Use "we" with contraction)

8. (to see) We _____ some plays.

9. (to leave) Ed _____ the U.S. without seeing Las Vegas.
   (Use the negative)

10. (to be) Perhaps _____ there. (Use "you" with contraction)

Übung 2:
Übersetzen Sie ins Englische. Berechnen Sie 10 Punkte für jede richtige Antwort.

11. Wir der Doktor mich heute   _____

    sehen können?   _____

12. Wird er am Donnerstag   _____

    beschäftigt sein?   _____

13. Wird Freitag möglich sein?   _____

14. Ist das die Touristensaison? _____

15. Wohin werden Sie zuerst gehen? _____

Auflösung:
Übung 1:
1. will be 2. will go 3. will return 4. will call 5. I'll go 6. he'll leave 7. We'll fly 8. will see 9. will not leave 10. you'll be
Übung 2:
11. Will the doctor be able to see me today? 12. Will he be busy on Thursday? 13. Will Friday be possible? 14. Is this the tourist season? 15. Where will you go first?

Ergebnis: _____ %

step 13 IN EINEM SUPERMARKT

A lady goes into a supermarket.
[ə 'leidi gouz 'intu ə 'sjupəmaːkət.]
Eine Dame geht in einen Supermarkt.

First she goes to the meat section.
[fɜst schi gouz tu ðə miːt 'sekschən.]
Zuerst geht sie in die Fleischabteilung.

There she buys a pound of ground beef,
[ðeə schi baiz ə paund ov graund biːf,]
Dort kauft sie ein Pfund Hackfleisch,

two packages of chicken breasts,
[tuː 'päckədschiz ov 'tschicken brests,]
zwei Pakete Hühnerbrust,

Which do you prefer?
Wenn man jemanden beim Hähnchenessen
fragen will, ob er lieber den Bollen oder lieber
die Brust haben will, fragt man:

dark meat or light meat?

and six pork chops.
[änd siks poːk tschops.]
und sechs Schweineschnitzel.

She says to the butcher,
[schi säz tu ðə 'butschə,]
Sie sagt zum Metzger,

—Can you pick out a good steak for me?
[kän ju pick aut ə gud steik foː mi?]
Können Sie mir ein gutes Steak aussuchen?

—Of course, he replies, – you know
[ov koːs, hi riˈplaiz, – ju nou]
Natürlich, sagt er, – sie wissen,

that I always take care of my good customers.
[ðät ai oːweiz teik ˈkäərov mai gud ˈkastəmez.]
daß ich mich immer um meine guten Kunden kümmere.

Take care
to take care – aufpassen
to take care of – sich kümmern um

She puts her purchases in a grocery cart
[schi puts hɜ ˈpɔtschəsiz in ə ˈgrousəri kaːt]
Sie legt ihre Einkäufe in den Einkaufswagen

and goes to the fruit and vegetables section.
[änd gouz tu ðə fruːt änd vedschətiblz ˈsekschən.]
und geht in die Obst-und-Gemüse-Abteilung.

She buys oranges, lemons,
[schi baiz ˈorindschiz, ˈlemənz,]
Sie kauft Orangen, Zitronen,

grapes, bananas,
[greips, bəˈnaːnəz,]
Trauben, Bananen,

tomatoes, onions,
[toˈmaːtouz, ˈonjənz,]
Tomaten, Zwiebeln,

and two heads of lettuce.
[änd tuː hedz ov ˈlettes.]
und zwei Kohlköpfe

Then she selects some frozen packages of
[ðen schi siˈlekts sam ˈfrouzen ˈpäckədschiz ov]
Dann wählt sie einige gefrorene Pakete mit

green beans, peas, and carrots
[griːn biːnz, piːz, änd ˈkärəts]
grünen Bohnen, Erbsen und Möhren

and several frozen dinners too.
[änd 'sevərəl 'frouzən 'dinnəz tuː]
und auch verschiedene tiefgekühlte Mahlzeiten.

She checks her list
[schi tschecks hɜ list]
Sie überprüft ihre Liste

and says to herself,
[änd säz tu hɜ'self,]
und sagt zu sich,

—Let's see …
  [lets siː …]
  Mal sehen …

  Is anything missing?
  [iz 'äniθing 'missing?]
  fehlt irgendetwas?

  Oh, yes, I need some more things.
  [ou jes, ai niːd sam moː θingz.]
  Oh ja, ich brauche noch einige Dinge.

She picks up from the shelves sugar, salt,
[schi picks ap from ðə schelvz 'schugə, soːlt,]
Sie nimmt von den Regalen Zucker, Salz,

coffee, canned soup and cake mix.
['koffi, känd suːp änd keik miks.]
Kaffee, Dosensuppen und Backmischungen.

At the dairy section she buys
[ät ðə 'däri 'sekschən schi baiz]
In der Milchabteilung kauft sie

milk, butter, cheese
[milk, 'battə, tschiːz]
Milch, Butter, Käse

and a dozen eggs.
[änd ə 'dazən eggz.]
und ein Dutzend Eier.

Then she orders two pounds of shrimp
[ðen schi oːdəz tuː paundz of schrimp]
Dann bestellt sie zwei Pfund Shrimps

at the fish market.
[ät ðə fisch 'maːkit.]
beim Fischmarkt.

She asks,
[schi aːsks,]
Sie fragt:

—Are they fresh?
   [aː ðei fresch?]
   Sind sie frisch?

The seller replies,
[ðə 'sellə ri'plaiz,]
Der Verkäufer antwortet:

—Of course, madam.
   [ov koːs, 'mädəm.]
   Natürlich, Madam.

   All the fish and seafood
   [oːl ðə fisch än siːfuːd]
   Der gesamte Fisch und die Meeresfrüchte

   are delivered fresh every day.
   [aː di'livəd fresch 'evri däi.]
   werden jeden Tag frisch geliefert.

Before leaving the supermarket
[bi'foː liːving ðə 'sjupəmaːkit]
Bevor sie den Supermarkt verläßt,

she buys cans of soft drinks
[schi baiz känz ov soft drinks]
kauft sie Getränkedosen

and a six-pack of beer for her husband.
[änd ə 'sikspäck ov biə foː hə 'hazbənd.]
und eine Sechserpackung Bier für ihren Mann.

164

Soft or Hard

Die Wörter *soft* – wörtlich „weich" – und *hard* – wörtlich „hart" werden im Englischen neben ihrer ursprünglichen Bedeutung auch verwendet, um alkoholische Getränke *(hard drinks)* von nichtalkoholischen *(soft drinks)* zu unterscheiden.

The lady pushes her cart to the check out counter.
[ðə ˈleidi ˈpuschiz hɜ kaːt tu ðə ˈtscheckaut ˈkauntə.]
Die Dame schiebt ihren Wagen zur Kasse.

There the clerk marks the prices on the computer.
[ðeə ðə klaːk maːks ðə ˈpraisiz on ðə komˈpjuːtə.]
Dort gibt der Angestellte die Preise in die Kasse ein.

When the lady sees the total cost
[uen ðə ˈleidi siːz ðə ˈtoutəl kost]
Als die Dame die Gesamtsumme sieht,

she exclaims,
[schi iksˈkläimz,]
ruft sie:

Interjektionen

Im Englischen werden in der Umgangssprache weder die Wörter „Gott" noch „Jesus" als Ausrufe benutzt. Man kann jedoch das Wort *Heavens!* – „Himmel!" oder *For heaven's sake!* – „Um Himmels Willen!" anwenden.
Direkte Ausdrücke in Bezug auf Gott werden jedoch vermieden. Eine Ausnahme bilden *God bless you!* – „Gott segne dich!" und andere positive Ausdrücke (das Gegenteil von *bless* – „segnen" ist *damn* – „verdammen").

—My goodness!
[mai ˈgudness!]
„Du lieber Himmel!

Food is getting more expensive every week!
[fuːd iz ˈgetting ˈmoːriksˈpensiv ˈevri wiːk!]
Das Essen wird jede Woche teurer!

—But madam,
[bat 'mädəm,]
„Aber Madam,"

replies the employee,
[ri'plaiz ði emplo'ji:,]
antwortet der Angestellte,

look at how much good food you have there!
[luck ät hau matsch gud fu:d ju häv ðeə!]
„schauen Sie, wie viel gutes Essen Sie dort haben."

Wörter ohne Geschlechtsmerkmale

Employee (Angestellte(r)), *friend* (Freund(in)), *owner* (Besitzer(in)), *servant* (Diener(in)), *secretary* (Sekretär(in)) und viele andere Wörter haben im Englischen kein bestimmtes Geschlecht. Wenn jemand seiner Frau erzählt, er sei mit einem *friend* essen gegangen, kann die Frau nicht wissen, ob es ein Mann oder eine Frau war.

BEISPIELUNTERHALTUNG: IN EINEM RESTAURANT

HEAD WAITER:
[hed 'ueitə:]
OBERKELLNER:

Good evening, sir.
[gud 'i:vening, sɜ.]
Guten Abend, mein Herr.

A table for two?
[ə 'täibel fo: tu:?]
Ein Tisch für zwei?

Waiter
Head waiter bedeutet Oberkellner. Wenn man einen Kellner ruft, sagt man *waiter*, ist es eine Kellnerin, sagt man *Miss* oder *Waitress*.

Please follow me.
[pli:z 'follou mi.]
Bitte folgen Sie mir.

Here is a good table.
['hiəriz ə gud 'teibel.]
Hier ist ein guter Tisch.

[...]

Do you care for a cocktail?
[du ju käe 'forə 'kocktäl?]
Möchten Sie einen Cocktail?

GUEST:
[gest:]
GAST:

   No, thank you.
   [nou, θänk ju.]
   Nein, danke.

   We'll have some wine later.
   [uiəl häv sam uain 'läitə.]
   Wir werden später ein wenig Wein nehmen.

   What is the special today?
   [uot iz ðə 'speschəl tu'dei?]
   Was empfehlen Sie heute?

WAITER:

   The lamb chops are excellent
   [ðə läm tschops aːr'ekselent]
   Die Lammkoteletts sind hervorragend

   and today we have broiled Maine lobster.
   [än tu'däi ui häv broild mäin 'lobstə.]
   und heute haben wir gegrillten Hummer „Maine".

LADY:

   I'd like the filet of sole.
   [aid laik ðə 'filei ov soul.]
   Ich möchte gerne das Seezungenfilet.

MAN:

   I believe I'll have the sirloin steak.
   [ai bi'liːv ail häv ðə 'səloin steik.]
   Ich glaube, ich werde das Sirloin Steak nehmen.

WAITER:

   How do you like it, sir?
   [hau du ju laik it, sɜ?]
   Wie wünschen Sie es, Sir?

   Rare, medium, or well done?
   [räə, 'midjəm, oː uell dan?]
   Kurzgebraten, medium oder durchgebraten?

MAN:

Medium, please.
['miːdjəm, pliːz.]
Medium, bitte.

WAITER:

What dressing would you like on your salad?
[uot 'dressing wud ju laik on juə 'säləd?]
Welches Dressing möchten Sie gerne zu Ihrem Salat?

MAN:

French dressing for my wife,
[frentsch 'dressing foː mai waif,]
Französisches Dressing für meine Frau,

Italian for me.
[iˈtäljən foː mi.]
italienisches für mich.

WAITER:

Will you have wine with the dinner?
[uill ju häv uain uið ðə 'dinnə?]
Möchten Sie Wein zum Essen?

MAN:

Yes, thank you.
[jes, θänk ju.]
Ja, danke.

A glass of white wine
[ə glaːs ov uait uain]
Ein Glas Weißwein

with the fish,
[uið ðə fisch,]
zum Fisch,

and red wine with the steak.
[änd red uain uið ðə steik.]
und Rotwein zum Steak.

WAITER:

May I show you our dessert selection?
[mäi ai schou ju auǝ di'zǝt se'lekschǝn?]
Darf ich Ihnen unsere Dessertkarte zeigen?

MAN:

Fine. What do you wish, dear?
[fain. uot du ju uisch, diǝ?]
Sehr schön. Was möchtest du, Liebes?

LADY:

I'll have a chocolate eclair.
[aiǝl häv ǝ 'tschoklǝt i'kläǝ.]
Ich nehme ein „Schokoladen-Eclair".

MAN:

And the cheesecake
[änd ðǝ 'tschi:zkeik]
Und der Käsekuchen

looks delicious to me.
[luks di'lischǝs to mi.]
scheint mir köstlich zu sein.

Also two coffees, please.
['o:lsou tu: 'koffi:z, pli:z.]
Und zwei Kaffee, bitte.

[…]

May I have the bill, please?
[mäi ai häv ðǝ bill, pli:z?]
Kann ich bitte die Rechnung haben?

WAITER:

Right away, sir.
[raitǝ'wei, sɜ.]
Sofort, Sir.

MAN:

Is the service included?
[iz ðə 'səvis in'kludid?]
Ist der Service inbegriffen?

WAITER:

No, sir. It isn't included.
[no, sɜ. it'iznt in'kluːdid.]
Nein, Sir. Er ist nicht inbegriffen.

MAN:

Here you are.
[hiə ju aː]
Hier, bitte.

WAITER:

I'll be right back with your change.
[aiəl bi rait bäck uið juə tscheindsch.]
Ich werde sofort Ihr Wechselgeld bringen.

MAN:

Don't bother.
[dount 'boðə.]
Bemühen Sie sich nicht.

Keep the change.
[kiːp ðə tscheindsch.]
Behalten Sie das Wechselgeld.

WAITER:

Thank you very much.
[θänk ju 'veri matsch.]
Vielen Dank.

Do come back again.
[duː kam bäck ə'gän.]
Beehren Sie uns wieder.

MAN:

We shall.
[ui schäll.]
Das werden wir.

The food was excellent.
[ðə fuːd uoz 'ekselent.]
Das Essen war ausgezeichnet.

Eine andere Anwendung von do
Dieses Hilfsverb, das bei Negationen oder Fragen angewandt wird, kann auch dazu dienen, einem Satz eine zusätzliche Emphase zu geben. In diesem Fall steht es statt oder mit *please*.
(Please do oder *Please do come back.)*

TESTEN SIE IHR ENGLISCH

Übung 1:
Übersetzen Sie die nachstehenden Ausdrücke ins Englische. Berechnen Sie 5 Punkte für jede richtige Übersetzung.

1. Drei Schweinskoteletts   _____

2. Ein gutes Filet   _____

3. Eine Sechserpackung Bier   _____

4. Zwei Packungen
   Hähnchenbrust   _____

5. Ein Pfund Hackfleisch   _____

6. Möhren, Erbsen und grüne
   Bohnen   _____

7. Milch, Käse, Butter und Eier   _____

8. Bananen, Orangen, Trauben
   und Zitronen   _____

9. Zwiebeln, Salat und Tomaten   _____

10. Ein Glas Weißwein   _____

Übung 2:
Ordnen Sie den englischen Sätzen die richtige deutsche Übersetzung zu. Berechnen Sie 10 Punkte für jede richtige Antwort.

1. Do you care for a cocktail?   A Kann ich bitte die Rechnung haben?

2. What is the special today?   B Ein Glas Weißwein, bitte.

3. A glass of white wine, please.   C Ist der Service inbegriffen?

4. May I have the bill, please?   D Was empfehlen Sie heute?

5. Is the service included?   E Möchten Sie einen Cocktail?

Ergebnis: _____ %

Auflösung:

Übung 1:
1. Three pork chops 2. A good steak 3. A six-pack of beer 4. Two packages of chicken breasts 5. A pound of ground beef 6. Carrots, peas and green beans 7. Milk, cheese, butter and eggs 8. Bananas, oranges, grapes and lemons 9. Onions, lettuce and tomatoes 10. A glass of white wine

Übung 2:
1–E; 2–D; 3–B; 4–A; 5–C

step 14 DIE VERGANGENHEIT

The verb *to be* is the only verb that
[ðə vɜb tu biː iz ði 'ounli yɜb ðät]
Das Verb *to be* ist das einzige Verb, das

has two forms in the past tense – *was* and *were*.
[häz tuː foːmz in ðe paːst tens – uoz änd uɜ.]
zwei Formen in der Vergangenheit hat – *was* und *were*.

All other verbs use one form only.
[oːl 'aðə vɜbz juːz uan foːm 'ounli.]
Alle anderen Verben verwenden nur eine Form.

Regular verbs form the past
['regjulə vɜbz foːm ðə paːst]
Regelmäßige Verben bilden die Vergangenheit

by adding the letters
[bai 'ädding ðə 'lettəz]
durch Anhängen der Buchstaben

-ed or *-d* as follows:
[*-ed* oː *-d* äz 'follouz:]
-ed oder *-d* wie folgt:

Some examples:
[sam ik'zampəlz:]
Einige Beispiele:

—I called you last night
[al koːld ju laːst nait]
Ich rief dich gestern abend an,

but nobody answered.
[bat 'noubodi 'aːnsəd.]
aber niemand meldete sich.

Didn't you hear the phone,
[didnt ju hiə ðə foun,]
Hörtest du das Telefon nicht,

or did I call too late?
[oː 'didai koːl tuː leit?]
oder rief ich zu spät an?

Fragen und Verneinung in der Vergangenheit

Beachten Sie, daß Fragen in der Vergangenheit mit *did,* der Vergangenheitsform von *do,* umschrieben werden. Verneinungen in der Vergangenheit werden mit *didn't* oder *did not* umschrieben. Das Hauptverb bleibt dabei im Infinitiv.

—Not at all.
[not ät oːl.]
Überhaupt nicht.

I was at the movies.
[ai uoːz ät ðə 'muːviːz.]
Ich war im Kino.

I saw an excellent film
[ai soː ən 'ekselent film]
Ich sah einen ausgezeichneten Film,

called "Invaders from Space."
[koːld in'veidəz from späis.]
er hieß „Angreifer aus dem All".

I didn't return home until late.
[ai didnt ri'tɜn houm an'til läit.]
Ich kehrte erst spät nach Hause zurück.

Einige Beispiele von Verben, die in der Vergangenheit die Endung -ed haben.

—What happened to you yesterday?
[uot 'häppend tu juː 'jesterdäi?]
Was war gestern mit dir los?

I looked for you on the morning train,
[ai lukt foː juː on ðə 'moːning trein]
Ich suchte dich im Morgenzug,

but I didn't see you.
[bat ai didnt siː juː.]
aber ich sah dich nicht.

—I missed the train.
[ai misd ðə trein.]
Ich verpaßte den Zug.

It happened because I wanted
[it 'häppənd bi'koːz ai 'uontid]
Es kam, weil ich

to see the Morning Show on TV.
[tu siː ðə 'moːning schou on tiː viː]
das Morgenprogramm im Fernsehen sehen wollte.

But when I looked at my watch,
[bat uen ai lukt ät mai uotsch,]
Aber als ich auf meine Uhr sah,

I noticed it was after eight.
[ai 'noutist it uoːz 'aːftə eit]
bemerkte ich, daß es nach acht war.

I called a taxi,
[ai coːld ä 'täksi,]
Ich rief ein Taxi,

but even so it was not possible
[bat 'iːven sou it uos not 'possibəl]
aber auch so war es nicht möglich,

to get to the office on time.
[tu get tu ði 'offis on taim.]
rechtzeitig ins Büro zu kommen.

So I arrived after 9:30.
[sou ai ə'raivd 'aːftə nain 'θəti.]
So kam ich nach 9.30 Uhr an.

Did anyone notice
[did 'äniuan noutis]
Bemerkte jemand,

that I came late?
[ðät ai käim läit?]
daß ich verspätet kam?

—The boss noticed you were not here.
[ðə boss 'noutist ðät ju ueə not hiə.]
Der Chef bemerkte, daß du nicht hier warst.

He asked where you were.
[hi a:st ueə ju ueə.]
Er fragte, wo du wärest.

Unregelmäßige Verben in der Vergangenheit
Viele wichtige Verben haben veränderte Formen
in der Vergangenheit. Eine kurze Liste solcher
Verben finden Sie am Ende dieses Kapitels, eine
ausführliche befindet sich als Anhang im hinteren
Teil dieses Buchs,

—When you went to school,
[uen ju uent tu sku:l,]
Als du in der Schule warst,

did you study English?
[did ju 'stadi 'inglisch?]
lerntest du dort Englisch?

—No. I chose French
[nou. ai tschouz frentsch]
Nein. Ich wählte Französisch

as a foreign language.
[äz ə 'foren 'länguidsch.]
als Fremdsprache.

I took French for two years.
[ai tuk frentsch fo: tu jiəz.]
Ich hatte zwei Jahre Französisch.

So, when I came to the United States
[sou uen ai keim tu ðə ju'naitid stäits]
Als ich also in die Vereinigten Staaten kam,

I spoke very little English.
[ai spouk 'veri 'littel 'inglisch.]
sprach ich sehr wenig Englisch.

I understood only a little
[ai andə'stud 'ounli ə 'littel]
Ich verstand nur ein bißchen

of what people said to me.
[ov uot 'pi:pel säd tu mi.]
von dem, was die Leute mir sagten.

But then I bought a dictionary
[bat ðen ai bo:t ə 'dikschənäri]
Aber dann kaufte ich ein Wörterbuch

and went to night school.
[änd uent tu nait sku:l.]
und ging in die Abendschule.

I took courses in English,
[ai tuk 'co:siz in 'inglisch,]
Ich nahm Kurse in Englisch,

read the newspapers,
[red ðə 'nju:zpeipəz,]
las die Zeitungen

and saw programs on the television.
[änd so: 'prougrämz on ðə tele'vischən.]
und schaute Fernsehprogramme an.

Soon I began to understand
[su:n ai bi'gän tu andə'ständ]
Bald begann ich zu verstehen,

what people said to me
[uot 'pi:pəl säd tu mi]
was die Leute zu mir sagten

and found that they could
[änd faund ðät ðei kud]
und stellte fest, daß sie

understand me too.
[andə'ständ mi: tu:]
mich auch verstehen konnten.

Die unregelmäßigen Verben
in der Vergangenheit

Manche Verben verändern sich in der Vergangenheit so stark, daß sie schwer wiederzuerkennen
sind. Die bekanntesten sind:

Deutsch	Gegenwart	Vergangenheit
können	can	could
bringen	bring	brought
denken	think	thought
kaufen	buy	bought
bekommen	get	got
werden	become	became
sehen	see	saw
gehen	go	went
kommen	come	came
tun	make	made
haben	have	had
fliegen	fly	flew
fahren	drive	drove
sagen	say	said
schreiben	write	wrote
nehmen	take	took
trinken	drink	drank
sprechen	speak	spoke
verstehen	understand	understood
essen	eat	ate
legen	put	put
lesen	read	read
lassen	leave	left
erlauben	let	let

Sie werden bemerkt haben, daß sich *put, let* und
read in der Vergangenheit nicht verändern.
Read wird in der Vergangenheit [red] ausgesprochen.

BEISPIELUNTERHALTUNG: IM FLUGZEUG

—Hello, Fred,
[hellou, fred,]
Hallo Fred!

welcome to San Francisco.
['uelkam tu sän frän'siskou.]
Willkommen in San Francisco.

How was your trip?
[hau uoːz juə trip?]
Wie war deine Reise?

—It was good and bad.
[it uːoz gud änd bäd.]
Sie war gut und schlecht.

There was a delay on takeoff.
[θeə uoz ə di'läi on 'täik-of.]
Es gab eine Verspätung beim Abflug.

Before we started
[bi'foː ui 'staːtid]
Bevor wir starteten

the flight attendant announced
[ðə flait ə'tendent ə'naunst]
erklärte die Flugbegleitung,

that we had to wait for
[ðät ui häd tu ueit foː]
daß wir auf die Ankunft

the arrival of a connecting plane.
[ði ə'raivəl ov ə ko'nekting pläin.]
eines Anschlußflugzeugs warten müßten.

After a half-hour wait
['aːftə ə haːf-auə ueit]
Nach einer halbstündigen Wartezeit

we took off.
[ui tuck of.]
flogen wir ab.

Then they served us cocktails
[ðen ðei sɜvd as 'kokteilz]
Dann servierten sie uns Cocktails

and gave us a good lunch.
[änd gäiv as ə gud lantsch.]
und gaben uns ein gutes Mittagessen.

I was seated next to
[ai uoz 'siːtid nekst tu]
Ich habe neben

a very attractive girl.
[ə 'veri ə'träktiv gɜl.]
einem sehr attraktiven Mädchen gesessen.

—Did you talk to her?
[did ju toːk tu hɜ?]
Hast du mit ihr gesprochen?

—Not at first.
[not ät fɜst.]
Nicht sofort.

She was busy with her book.
[schiː uoz 'bizi uið hɜ buk.]
Sie war mit ihrem Buch beschäftigt.

I read a magazine
[ai red ə mägəziːn]
Ich las in einer Zeitschrift

and wrote some letters.
[änd rout sam 'lettəz.]
und schrieb einige Briefe.

Then, as we flew over the Mississippi River,
[ðen, äz uiː fluː 'ouvə ðə missi'sippi 'rivə,]
Als wir dann über den Mississippi flogen,

she put her book down
[schiː put hɜ buk daun]
legte sie ihr Buch nieder,

to look at the river
[tu luk ät ðə 'rivə]
um den Fluß anzusehen,

and I began to talk to her.
[änd ai bi'gän tu tɔːk tu hɜ.]
und ich begann mit ihr zu sprechen.

I asked whether she lived in California
[ai aːst 'ueðə schiː livd in käli'fɔːnja]
Ich fragte, ob sie in Kalifornien lebe,

and she said she did,
[änd schiː säd schiː did,]
und sie bestätigte,

but that she was originally from Massachusetts,
[bat ðät schiː uoːz o'ridschinəli from mässə'tschuːsəts,]
aber sie sei ursprünglich aus Massachusetts,

where she went to college.
[ueə schiː uent to 'kollidsch.]
wo sie zur Universität gegangen sei.

College und university
Beide Wörter bedeuten im Deutschen
„Universität".

It turned out that
[it tɜnd aut ðät]
Es stellte sich heraus, daß

we had friends in common.
[uiː häd frendz in 'komən.]
wir gemeinsame Freunde hatten.

To turn + Präpositionen
Turn bedeutet wörtlich „drehen" oder „wenden".
Zusammen mit verschiedenen Präpositionen
ergeben sich folgende Wendungen:

> *turn off* – ausschalten
> *turn on* – anschalten
> *turn around* – umdrehen
> *turn in* – abgeben, schlafen gehen
> *turn up* – erscheinen
> *turn over* – umkippen, übergeben
> *turn out* – sich ergeben, geschehen

We continued our conversation
[ui: kon'tinju:d auə konvə'seischən,]
Wir setzten unsere Unterhaltung fort,

as we flew over the Rocky Mountains.
[äz ui: flu: 'ouvə ðə 'rocki 'mauntinz.]
während wir über die Rocky Mountains flogen.

—So you became good friends?
[sou ju: bi'käim gud frendz?]
Also wurdet ihr gute Freunde?

—I thought so.
[ai θɔːt sou.]
Das dachte ich.

She gave me her telephone number
[schi: gäiv mi: hɜ 'teləfoun 'nambə]
Sie gab mir ihre Telefonnummer

and told me to call her.
[änd tould mi: tu kɔːl hɜ.]
und sagte, ich solle sie anrufen.

She promised to show me
[schi: 'promizd tu schou mi:]
Sie versprach, mir

interesting places in the city.
['intrəsting 'pläisiz in ðə 'sitti.]
interessante Orte in der Stadt zu zeigen.

—I see you had a pleasant trip.
[ai siː juː häd ə 'plesent trip.]
Ich sehe, du hattest eine angenehme Reise.

—Yes. Up to that point.
[jes. ap tu ðät point.]
Ja, bis zu dem Punkt.

When the plane landed
[uen ðə pläin 'ländid]
Als das Flugzeug landete,

we said good-bye.
[uiː säd gud'bai.]
verabschiedeten wir uns.

But when I looked for her number
[bat uen ai lukt foː hɜ 'nambə]
Aber als ich ihre Nummer suchte

I realized that I didn't have it.
[ai 'riəlaizd ðät ai didnt häv it.]
bemerkte ich, daß ich sie nicht hatte.

I went back to the plane.
[ai uent bäk tu ðə pläin.]
Ich ging zurück zum Flugzeug.

Präpositionen + go

Folgende *Phrasal Verbs* können Sie mit *go* bilden:

> *go back* – zurückgehen
>
> *go away* – weggehen
>
> *go on* – weitermachen, weitergehen
>
> *go in* – eintreten
>
> *go out* – hinausgehen
>
> *go up* – hinaufgehen
>
> *go down* – hinuntergehen

But I couldn't find her card.
[bat ai kudnt faind hɜ kaːd.]
Aber ich konnte ihre Karte nicht finden.

—Well, don't you remember her last name?
[uel, dount juː riˈmembə hɜ laːst neim?]
Nun, erinnerst du dich nicht an ihren Nachnamen?

—No. I heard it only once.
[nou. ai hɜd it ˈounli uans.]
Nein. Ich hörte ihn nur einmal.

I forgot that too.
[ai forˈgot ðät tuː]
Ich vergaß ihn auch.

—What bad luck!
[uot bäd lak!]
So ein Pech!

TESTEN SIE IHR ENGLISCH

Übersetzen Sie die folgenden Sätze ins Englische. Berechnen Sie 10 Punkte
für jede richtige Übersetzung.

1. Ich rief dich gestern abend an. _____

2. Hast du das Telefon

   nicht gehört? _____

3. Habe ich zu spät angerufen? _____

4. Ich war im Kino. _____

5. Wir haben einen hervorragenden _____

   Film gesehen. _____

6. Ich kam erst spät nach Hause _____

   zurück. _____

7. Was ist dir gestern zugestoßen? _____

8. Wie war deine Reise? _____

9. Sie bat mich, sie anzurufen. _____

10. Ich las eine Zeitschrift; _____

    sie las ein Buch. _____

Auflösung: 1. I called you last night. 2. Didn't you hear the phone? 3. Did I call you too late? 4. I was at the movies. 5. We saw an excellent film. 6. I didn't return home until late. 7. What happened to you yesterday? 8. How was your trip? 9. She told me to call her. 10. I read a magazine; she read a book.

Ergebnis: _____ %

step 15 DAS PARTIZIP PERFEKT

When walking through a city
[uen uo:king θru: ə 'sitti]
Wenn wir durch eine Stadt laufen,

we see different signs.
[ui: si: 'diffərent sainz.]
sehen wir verschiedene Schilder.

Some say
[sam säi]
Manche bedeuten

PARKING PROHIBITED
['pa:king prou'hibitid]
PARKEN VERBOTEN

CLOSED ON SUNDAYS
['klouzd on 'sandäiz]
SONNTAGS GESCHLOSSEN

ENGLISH SPOKEN HERE
['inglisch 'spouken 'hiə]
HIER WIRD ENGLISCH GESPROCHEN

ENGLISH SPOKEN
Bei Ausdrücken wie *English spoken* bevorzugt
das Englische das Partizip Perfekt, wo im
Deutschen entweder das Präsens „Man spricht
Englisch" oder das Passiv „Es wird Englisch
gesprochen" benutzt wird.

We also hear phrases like
[ui: o:lsou 'hiə 'freiziz laik]
Wir hören auch Sätze wie

That one is already sold.
[ðät uan iz oːlˈredi sould.]
Das ist schon verkauft.

This is broken.
[ðis iz ˈbrouken.]
Das ist zerbrochen.

Is this seat taken?
[iz ðis siːt ˈtäiken?]
Ist dieser Platz besetzt?

Is smoking permitted?
[iz ˈsmouking pɜˈmittid?]
Ist Rauchen erlaubt?

These words are the
[ðiːz uɜdz aː ðə]
Diese Wörter sind die

past participles of the verbs
[paːst ˈpaːtisiplz ov ðə vɜbz]
Partizipien Perfekt der Verben

to prohibit, to close, to speak,
[tu prouˈhibit, to klouz, to spiːk,]
„verbieten", „schließen", „sprechen",

to sell, to break, to take, to permit.
[tu sell, tu breik, tu teik, tu pɜˈmit.]
„verkaufen", „brechen", „nehmen", „erlauben".

The past participle is used
[ðə paːst ˈpaːtisipl iz juːzd]
Das Partizip Perfekt wird verwendet,

to form the passive:
[tu foːm ðə ˈpässiv:]
um das Passiv zu bilden:

The Washington White House is used
[ðə ˈuoschingtən ˈuaithaus iz juːzd]
Das Weiße Haus in Washington wird

as the residence of American presidents.
[äz ðə 'rezidens ov a'merikən 'presidents.]
als Residenz der amerikanischen Präsidenten genutzt.

> ### Amerikanisch und Nordamerikanisch
> Oft werden die Einwohner der Vereinigten
> Staaten als *Americans* bezeichnet, obwohl damit
> eigentlich alle Bewohner des amerikanischen
> Kontinents gemeint sein sollten. Amerika be-
> deutet für sie nur Nordamerika.

> ### Über die Stellung der Adjektive
> Stehen mehr als zwei Adjektive bei einem Sub-
> stantiv, werden diese vorangestellt. Im oben
> genannten Fall, in dem auch *Washington* wie
> ein Adjektiv verwendet wird, könnte man auch
> sagen: *the White House in Washington.*

Construction was begun in 1792
[kon'strakschən uoːz bi'gan in 'seventiːn-'nainti-tuː]
Die Erbauung wurde 1792 begonnen,

and it was finished in 1800.
[änd it uoːz 'finischt in 'eitiːn'handred.]
und sie wurde 1800 beendet.

In 1814 the city of Washington
[in 'eitiːn foːtiːn ðə 'sitti ov 'uoschingtən]
1814 wurde die Stadt Washington

was captured by the British
[uoːz 'käptschəd bai ðə 'britisch]
von den Briten eingenommen,

and the White House was burned.
[änd ðe 'uaithaus uoːz bənd.]
und das Weiße Haus wurde verbrannt.

Only a few paintings were saved
['ounli ə fjuː 'päintingz uɜ säivd]
Nur wenige Bilder wurden

by the President's wife.
[bai ðə 'prezidents uaif.]
von der Frau des Präsidenten gerettet.

Das Possessiv

Man kann das Possessiv eines Substantivs mit dem Genitiv *'s* oder mit *of* ausdrücken.

The president's wife

ist ebenso richtig wie

The wife of the president.

Beachten Sie, daß das Possessiv von *it* <u>nicht</u> *it's* ist – dies ist die Kurzform von *it is.*
Der richtige Genitiv von *it* wird ohne Apostroph geschrieben: *its.*

After the war,
['aːftə ðə uoː]
Nach dem Krieg

the building was repaired
[ðə 'bilding uoːz ri'päəd]
wurde das Gebäude wiederhergestellt

and painted white once more.
[änd 'peintid uait uans moː]
und wieder weiß gestrichen.

The past participle is used
[ðə paːst 'paːtisipl iz juːzd]
Das Partizip Perfekt wird verwendet

for compound tenses.
[foː 'kompaund 'tensiz.]
für zusammengesetzte Zeiten.

Here is the the perfect tense of *to be:*
['hiəriz ðə 'pəfekt tens ov to biː]
Hier ist das Perfekt von „sein":

—Have you been in California before?
[häv juː bin in käliˈfɔːnja biˈfɔː?]
Sind Sie schon früher in Kalifornien gewesen?

—I have been here
[ai häv bin hiə]
Ich bin hier gewesen,

but my wife hasn't.
[bat mai uaif häznt.]
aber meine Frau ist es nicht.

We have always been anxious to come.
[uiː häv ˈɔːluäiz bin ˈänkschəs tu kam.]
Wir sind immer darauf bedacht gewesen, zu kommen.

We have been waiting a long time
[uiː häv bin ˈuäiting ə long taim]
Wir haben lange darauf gewartet,

to make this trip.
[tu mäik ðis trip.]
diese Reise zu machen.

The perfect tense – Das Perfekt

Das Perfekt wird mit *to have* in Verbindung mit
dem jeweiligen Partizip des Hauptverbs gebildet.
Sein Gebrauch entspricht im Großen und Ganzen
dem Deutschen. Alle Verben, die die Endungen
-d, -ed oder *-ied* haben, haben diese auch im
Perfekt. Viele unregelmäßige Verben haben aber
eine andere Form für das Partizip, die sie aus-
wendig lernen müssen.

The following examples
[ðə ˈfolouing ikˈzaːmpəlz]
Die folgenden Beispiele

are often employed in traveling.
[aː ˈoften imˈploid in ˈträvəling.]
werden häufig beim Reisen verwendet.

Have you packed the bags?
[häv juː päkt ðe bägz?]
Hast du die Taschen gepackt?

Has the taxi come?
[häz ðə täksi kam?]
Ist das Taxi gekommen?

Have you brought the camera?
[häv juː broːt ðə 'kämra?]
Hast du die Kamera mitgebracht?

What has happened?
[uot häz 'häppend?]
Was ist passiert?

Why have we stopped?
[uai häv uiː stopt?]
Warum haben wir angehalten?

Have our bags arrived?
[häv auə bägz ə'raivd?]
Sind unsere Taschen angekommen?

I have lost a black suitcase.
[ai häv lost ə bläck 'sjuːtkäis.]
Ich habe einen schwarzen Handkoffer verloren.

I think someone
[ai θink 'samouan]
Ich glaube, jemand

has taken my coat.
[häz 'täiken mai kout.]
hat meinen Mantel genommen.

Have we arrived in Philadelphia?
[häv uiː ə'raivd in fila'delfja?]
Sind wir in Philadelphia angekommen?

Has the 8:15 train left for Baltimore?
[häz ði eit-fif'tiːn träin left foː 'boːltimoː?]
Ist der 8.15-Uhr-Zug nach Baltimore abgefahren?

Unregelmäßige Verben

Hier ist eine Tabelle mit den wichtigsten unregelmäßigen Verben und ihren Formen im Infinitiv, in der Vergangenheit und mit dem Partizip. Verben, die Sie hier nicht finden, stehen in der kompletten Liste, die sich am Ende des Buches befindet.

Infinitiv	*Past*	*Past participle*
to be (sein) am, is, are	was, were	been
bring (bringen)	brought	brought
catch (fangen)	caught	caught
come (kommen)	came	come
cut (schneiden)	cut	cut
dig (graben)	dug	dug
do (tun)	did	done
draw (zeichnen)	drew	drawn
drink (trinken)	drank	drunk
drive (fahren)	drove	driven
fall (fallen)	fell	fallen
find (finden)	found	found
fly (fliegen)	flew	flown
get (bekommen)	got	got, gotten
give (geben)	gave	given
go (gehen)	went	gone
have (haben)	had	had
keep (halten)	kept	kept
know (wissen, kennen)	knew	known
leave (lassen, verlassen)	left	left

meet (treffen)	met	met
pay (zahlen)	paid	paid
put (setzen, legen)	put	put
read (lesen)	read	read
ride (reiten)	rode	ridden
ring (läuten)	rang	rung
run (rennen)	ran	run
see (sehen)	saw	seen
sell (verkaufen)	sold	sold
send (schicken)	sent	sent
sink (sinken)	sank	sunk
sit (sitzen)	sat	sat
take (nehmen)	took	taken

BEISPIELUNTERHALTUNG: IM BÜRO

AN OFFICE WORKER:
[ən'offis 'uɜkə:]
EIN BÜROANGESTELLTER:

    We have been able to rest a bit
    [ui: häv bi:n 'äibəl tu rest ə bit]
    Wir haben uns ein bißchen ausruhen können,

    while the boss has been on his trip,
    [uail ðə boss häz bi:n on hiz trip,]
    während der Chef auf Reisen gewesen ist,

    haven't we?
    ['hävənt ui:?]
    nicht wahr?

Bestätigung suchen
Wird das Hilfsverb oft wiederholt, so zeigt dies
Emphase, Bestätigung oder Negation an. Man
wiederholt es auch bei einer Antwort, um das
Verb nicht zu wiederholen.

    Do you speak English? Yes, I do.
      Sprechen Sie Englisch? Ja, das tue ich.
    Is it raining? Yes, it is.
      Regnet es? Ja, das tut es.

SECRETARY:
['sekretäri:]
SEKRETÄRIN:

    Yes, but be careful.
    [jes, bat bi: 'kääful.]
    Ja, aber sei vorsichtig.

He has just come in.
[hiː häz dschast kam in.]
Er ist gerade hereingekommen.

Welcome back, Mr. Harrison!
['uelkam bäck, 'mistə 'härrisən!]
Willkommen, Herr Harrison!

We have missed you!
[ui häv mist juː!]
Wir haben Sie vermißt!

OFFICE MANAGER:
['offis 'mänədschə:]
DER CHEF:

Have you? It's good to be back.
[häv juː? its gud to biː bäck.]
Haben Sie? Es ist gut, zurück zu sein.

What has happened during my absence?
[uot häz 'häppend 'djuːring mai 'äbsens?]
Was hat sich während meiner Abwesenheit ereignet?

—Business has gone well.
['bizeness häz gon uell.]
Die Geschäfte sind gut gelaufen.

This week the salesmen have sold
[ðis uiːk ðə 'säilsmən häv sould]
In dieser Woche haben die Verkäufer

two trucks, seven station wagons,
[tuː tracks, 'seven 'steischn 'uäggənz,]
zwei Lastwagen, sieben Kombiwagen

and fourteen of our new model cars.
[änd 'foːtiːn ov ouə njuː 'moddel kaːz.]
und vierzehn von unseren neuen Automodellen verkauft.

We have already passed
[ui häv 'oːlreddi paːst]
Wir haben bereits

the sales total of last month.
[ðə seilz 'toutəl ov la:st manθ.]
den Gesamtumsatz des Vormonats überschritten.

—That's really good news!
[ðäts 'riəli gud nju:z!]
Das sind wirklich gute Neuigkeiten!

Have you sent out
[häv ju: sent aut]
Haben Sie die

the bills for the sales?
[ðə billz fo: ðə seils?]
Rechnungen für die Verkäufe abgeschickt?

—Certainly. Everything is in order.
['sətənli. 'evriθing iz in 'o:də.]
Natürlich. Alles ist erledigt.

And each day I have deposited
[änd i:tsch däi ai häv di'pozitid]
Und jeden Tag habe ich

all the checks and cash in the bank.
[o:l ðə tscheks änd käsch in ðə bänk.]
alle Schecks und das Bargeld zur Bank gebracht.

—Well, I can see you have kept busy.
[uell, ai kän si: ju: häv kept 'bizi.]
Nun, ich sehe, daß sie fleißig gewesen sind.

—Yes, indeed. I haven't left the office
[jes in'di:d. ai 'hävənt left ði 'offis]
Ja, wirklich. Ich habe das Büro

until six or seven all week.
['antil siks o: 'seven o:l ui:k.]
die ganze Woche nicht vor sechs oder sieben verlassen.

—Hasn't Miss Prescott helped you?
[häznt miss 'presskət helpt ju:?]
Hat Fräulein Prescott Ihnen nicht geholfen?

Not much. She hasn't come in
[not matsch. schi: häznt kam in]
Nicht sehr. Sie ist

for the last three days.
[fo: ðə la:st θri: däiz.]
die letzten drei Tage nicht gekommen.

Her mother phoned to say that
[hɜ 'maðə found tu säi ðät]
Ihre Mutter rief an um zu sagen, daß

she was sick.
[schi: uoz sick.]
sie krank sei.

Amerikanisch oder Englisch
Es gibt einige Unterschiede zwischen dem
Amerikanischen und Englischen. In dieser
Lektion kann man feststellen:
- „Krank" heißt *sick* in Amerika und *ill* in Eng-
  land.
- „Lastwagen" ist im Amerikanischen *truck* und
  im Englischen *lorry.*
- Amerikaner tanken *gas,* während Engländer
  petrol tanken.
Diese Unterschiede sind aber so gering, daß sich
Amerikaner und Engländer normalerweise ohne
Schwierigkeiten verstehen.

—I'm sorry. Tell me,
[aim 'sorri. tell mi,]
Das tut mir leid. Sagen Sie,

has the new receptionist
[häz ðə nju: ri'sepschənist]
hat die neue Rezeptionistin

been working well?
[bi:n 'uɜking uell?]
gut gearbeitet?

—On the contrary.
[on ðə 'kontrəri.]
Im Gegenteil.

She has arrived late every morning
[schiː häz ə'raivd läit 'evri moːning]
Sie ist jeden Morgen zu spät gekommen

and has spent most of the day
[änd häz spent moust ov ðə däi]
und hat den größten Teil des Tages damit verbracht,

chatting with her friends on the telephone.
['tschätting uið hɜ frendz on ðə 'telifoun.]
mit ihren Freundinnen am Telefon zu plaudern.

—Speaking of the telephone,
['spiːking ov ðə 'telifoun,]
Wo wir vom Telefon sprechen,

have there been any important calls for me?
[häv ðeə biːn 'äni im'poːtənt koːlz foː miː?]
hat es irgendwelche wichtigen Anrufe für mich gegeben?

—I have kept a list of all messages.
[ai häv kept ə list ov oːl 'messidschiz.]
Ich habe eine Liste über alle Mitteilungen geführt.

A Miss Gloria has called several times
[ə miss 'gloːria häz koːld 'severəl taimz]
Ein Fräulein Gloria hat mehrmals angerufen,

without leaving her last name.
[uið'out 'liːving hɜ laːst näim.]
ohne ihren Nachnamen zu hinterlassen.

—Oh yes, I believe I know who it is.
[ou jes, ai bi'liːv ai nou huː it iz.]
Oh ja, ich glaube, ich weiß, wer es ist.

Where have you put the messages?
[ueə häv juː put ðə 'messidschiz?]
Wo haben Sie die Mitteilungen hingelegt?

—I have put them in the top drawer
[ai häv put ðəm in ðə top 'droːə]
Ich habe sie in die oberste Schublade

of your desk.
[ov juə desk.]
Ihres Schreibtischs gelegt.

It is locked.
['itiz lokt.]
Sie ist abgeschlossen.

—Thank you.
[θänk juː]
Danke.

I see you have taken care of everything.
[ai siː juː häv 'täiken 'käərov 'evriθing.]
Ich sehe, Sie haben sich um alles gekümmert.

By the way, you will notice
[bai ðə uäi, juː uill 'noutis]
Übrigens werden Sie

an increase in your salary check this week.
[ən 'inkriːs in juə 'säleri tschek ðis uiːk.]
diese Woche eine Erhöhung auf Ihrem Gehaltsscheck feststellen.

I had already told the treasurer
[ai häd 'oːlreddi tould ðə 'trescherer]
Ich hatte den Kassierer bereits

to increase it before my departure.
[to in'kriːs it bi'foː mai di'paːtschə.]
vor meiner Abreise angewiesen, ihn zu erhöhen.

Increase

In den vorangegangenen zwei Sätzen finden
Sie zwei verschiedene Wörter, die zwar gleich
geschrieben werden, die sich aber durch ihre
Betonung unterscheiden:

increase [in'kriːs] – „erhöhen" und
increase ['inkriːs] – „Erhöhung"

Sie sehen – die richtige Betonung ist im Englischen oft entscheident, wenn Sie richtig ver-
standen werden wollen…

—What an agreeable surprise!
[uot ənə'griːəbəl sə'praiz!]
Welch angenehme Überraschung!

Thank you very much!
[θänk juː 'veri matsch!]
Vielen Dank!

TESTEN SIE IHR ENGLISCH

Übersetzen Sie die folgenden Sätze ins Englische. Berechnen Sie 10 Punkte für jede richtige Übersetzung.

1. Hier wird Englisch gesprochen. _____

2. Ist es erlaubt, zu rauchen? _____

3. Ist Parken verboten? _____

4. Sind Sie schon einmal in _____

   New York gewesen? _____

5. Ja, ich bin schon hier gewesen. _____

6. Wir haben lange gewartet. _____

7. Was ist passiert? _____

8. Sind unsere Taschen _____

   angekommen? _____

9. Hat es irgendwelche wichtigen _____

   Anrufe gegeben? _____

10. Das Restaurant ist sonntags _____

    geschlossen. _____

Ergebnis: _____ %

When we offer something to someone,
[uen ui: 'offə 'samθing tu 'samuan,]
Wenn wir jemandem etwas anbieten,

we use phrases like:
[ui: ju:z 'fräiziz laik:]
benutzen wir Redewendungen wie:

Would you like some coffee?
[wud ju: laik sam 'koffi:?]
Möchten Sie etwas Kaffee?

Wouldn't you care for a chocolate?
[wudnt ju: 'käə 'forə 'tschoklit?]
Möchten Sie nicht gern eine Schokolade?

Will you have a drink?
[uill ju: häv ə drink?]
Nehmen Sie einen Drink?

Won't you have something to eat?
[uount ju: häv 'samθing tu i:t?]
Willst du nicht etwas essen?

Die Hilfsverben und die Höflichkeit
Die Hilfsverben in Verbindung mit einem Hauptverb werden benutzt, um höfliche Einladungen auszusprechen.

Won't you stay for dinner? –
Wollen Sie nicht zum Abendessen bleiben?

To request a service:
[tu ri'kuest ə 'sɜvis:]
Um Hilfe zu erbitten:

Can you tell me
[kän ju: tell mi:]
Können Sie mir sagen,

where the bus stop is?
[ueə ðə bas stop iz?]
wo die Bushaltestelle ist?

Could you tell me the way to Central Perk?
[kud ju: tell mi: ðə wäi tu 'sentrəl 'pa:k?]
Könnten Sie mir den Weg zum Central Park sagen?

Eine Besonderheit der Betonung

Im Englischen gibt es eine Besonderheit in der Betonung, die sich besonders auf die Namen von Gebäuden, Plätzen und Straßen bezieht: Anders als im Deutschen liegt die Hauptbetonung hier nicht auf dem Namen, der z.B. den einen Park von allen anderen unterscheidet, sondern auf dem Wort *park* selbst. Zur Verdeutlichung hier einige Beispiele, bei denen das besonders betonte Wort in Großbuchstaben gesetzt wurde:

CENTRAL PARK
ROYAL ALBERT HALL
EMPIRE STATE BUILDING
ABBEY ROAD
SAINT PAUL'S CATHEDRAL
WESTMINSTER ABBEY

To ask permission:
[tu a:sk pə'mischən:]
Um Erlaubnis zu erfragen:

May I sit here?
[mäi ai sit hiə?]
Darf ich mich hierhin setzen?

May I take a picture of you?
[mäi ai täik ə 'piktschərov ju:?]
Darf ich ein Bild von Ihnen machen?

Would you please take a photo of me?
[wud juː pliːz täik ə 'foutou ov miː?]
Würden Sie bitte ein Foto von mir machen?

I would like to send you a copy.
[ai wud laik tu send juː ə 'kopi.]
Ich würde Ihnen gern einen Abzug schicken.

Could you tell me your address?
[kud juː tell miː 'juːrə'dress?]
Könnten Sie mir Ihre Adresse sagen?

May und can

Beide Hilfsverben bedeuten „können", wobei *may* höflicher ist und auch „dürfen" bedeuten kann. *Could* ist das Konditional und auch die Vergangenheit von *can*. *Would* ist das Hilfsverb, mit dem das Konditional aller Verben gebildet wird.

The conditional is important for making
[ðə kon'dischənəl iz im'poːtənt foː 'mäiking]
Das Konditional ist wichtig für das Aussprechen

(or refusing) invitations:
[oː ri'fjuːzing invi'teischnz:]
(oder Ablehnen) von Einladungen:

—Could you meet me for lunch today?
[kud juː miːt meː foː lantsch tu'däi?]
Könnten Sie heute mit mir zum Mittagessen gehen?

We could go to Eduardo's,
[uiː kud gou tu edu'aːdouz,]
Wir könnten zu Eduardo gehen,

if you wish.
[if juː uisch.]
wenn Sie wollen.

Or would you prefer another place?
[oː wud juː pri'fɜ ən'aðə pläis?]
Oder würden Sie einen anderen Ort vorziehen?

To want, to wish
Wish ist höflicher als *want* und bedeutet „wünschen". *To desire* heißt ebenfalls „wünschen", wird jedoch seltener gebraucht.

—I'd love to,
  [aid lav tu,]
  Ich würde gern,

  but I couldn't go today. I'm busy.
  [bat ai kudnt gou tu'däi. aim 'bizi.]
  aber ich kann heute nicht. Ich bin beschäftigt.

—Well then,
  [uell ðen,]
  Nun,

  would it be possible for tomorrow?
  ['wudit bi: 'possibəl fo: tu'morrou?]
  wäre es denn morgen möglich?

—Yes. Perhaps I might be able to go tomorrow.
  [jes. pɜ'häps ai mait bi: äibəl tu gou tu'morrou.]
  Ja. Vielleicht könnte ich morgen mitgehen.

May – might
Diese beiden Hilfsverben zeigen eine Möglichkeit an, und sie werden mit einem Verb oder allein als Antwort auf eine Frage angewandt. *Might* deutet eine unwahrscheinlichere Möglichkeit an:

> *I may go to Europe soon.*
> Ich werde vielleicht bald nach Europa fahren.
> *Do you think Smith will be elected?*
> Glauben Sie, Smith wird gewählt werden?
> *He might be.*
> Das könnte sein.

—Could you call me in the morning?
  [kud ju: ko:l mi: in ðə 'mo:ning?]
  Könnten Sie mich am Morgen anrufen?

To ask for a favor:
[tu aːsk 'foːrə 'fäivə:]
Um einen Gefallen zu erbitten:

> Would you do me a favor?
> [wud juː duː miː ə 'fäivə?]
> Würdest du mir einen Gefallen tun?

> Could you lend me twenty dollars?
> [kud juː lend miː 'tuenti 'dollaːz?]
> Könntest du mir zwanzig Dollar leihen?

> I'll give it back to you
> [ail 'givit bäck tu juː]
> Ich werde sie dir

> next week, for sure.
> [nekst wiːk, foː schuə.]
> nächste Woche bestimmt zurückgeben.

—I'd like to,
[aid laik tu,]
Ich würde gern,

> but I don't have it today.
> [bat ai dount 'hävit tu'däi.]
> aber ich habe sie heute nicht.

—Well, couldn't you lend me ten, then?
[uell, kudnt juː lend miː ten, ðen?]
Nun, könntest du mir dann nicht zehn leihen?

Zusammenfassung der Kurzformen
Die Kurzform von *would* ist ein einfaches *'d*.
I'd – I would. You'd – you would, etc. In der
Verneinung wird nur das *not* zu *n't* verkürzt:
I wouldn't. Durch diese Kurzformen erscheint
Englisch als schnell gesprochene Sprache.

To agree on costs:
[tu ə'griː on kosts:]
Um sich über Kosten zu einigen:

—How much would you charge to the airport?
[hau matsch wud ju: tscha:dsch tu ði: 'äəpo:t?]
Wieviel würden Sie zum Flughafen nehmen?

—It would cost $25.00, more or less.
[it wud kost 'tuentifaiv 'dolla:z, 'mo:ro:'less.]
Es würde ungefähr 25 $ kosten.

—Look, couldn't we make the price a bit lower?
[luk, kudnt ui: mäik ðə prais ə bit 'louə?]
Sehen Sie, könnten wir den Preis nicht etwas niedriger machen?

—No way, sir.
[nou wäi, sɜ.]
Auf keinen Fall, mein Herr.

It would be illegal.
[it wud bi: i'li:gəl.]
Das wäre ungesetzlich.

To repeat what has been said:
[tu ri'pi:t uot häz bi:n säd:]
Zur Wiederholung des Gesagten:

—Hello!
[he'lou!]
Hallo!

Could I speak to Miss Cooper?
['kudai spi:k tu miss 'ku:pə?]
Könnte ich Fräulein Cooper sprechen?

—She's not here now.
[schi:z not hiə nau.[
Sie ist jetzt nicht da.

She's out.
[schi:z aut.]
Sie ist ausgegangen.

—That's funny.
[ðäts 'fanni.]
Das ist seltsam.

She told me that
[schiː tould miː ðät]
Sie sagte mir, daß

she would be back around five.
[schiː wud biː bäck əˈraund faiv.]
sie gegen fünf zurück zurück sein würde.

It's funny

Funny hat zwei Bedeutungen: „komisch,
seltsam" und „lustig" – die jeweilige Bedeutung
wird normalerweise aus dem Satzzusammen-
hang deutlich.

Didn't she say
[didnt schiː säi]
Sagte sie nicht,

when she would return?
[uen schiː wud riˈtɜn?]
wann sie zurückkommen würde?

—She said only
[schiː säd ˈounli]
Sie sagte nur,

that first she would go shopping
[ðät fɜst schiː wud gou ˈschopping]
daß sie erst einkaufen gehen würde,

and that later she was going to meet
[änd ˈläitə schiː uoːz ˈgouing tu miːt]
und daß sie sich später

a friend for tea.
[ə frend foː tiː.]
mit einer Freundin zum Tee treffen würde.

Would you care to call later?
[wud juː ˈkäə tu koːl ˈläitə?]
Würden Sie wohl später wieder anrufen?

—Thanks. I shall.
[θänks, ai schäll.]
Danke. Das werde ich.

But would you be kind enough
[bat wud juː biː ˈkaindiˈnaf]
Aber wären Sie so freundlich

to tell her that Robert Taylor called?
[tu tell hɜ ðät ˈrobət ˈtäilə koːld?]
ihr zu sagen, daß Robert Taylor angerufen hat?

BEISPIELUNTERHALTUNG:
EINE EINLADUNG ZUM BASEBALL

—Would you like to go to the baseball game tomorrow?
[wud ju laik tu gou tu ðə 'bäisbo:l gäim tu'morrou?]
Würdest du gern zu dem Baseballspiel morgen gehen?

Sports= Sport
Die wichtigsten Sportarten sind in beiden Sprachen fast gleich:
Baseball= *baseball*
Basketball= *basketball*
Tennis= *tennis*
Golf= *golf*
Boxen= *boxing*
Ringen= *wrestling*
Fußball= *football, soccer*
Football ist das Amerikanische Spiel und *soccer* ist das Spiel, das in Europa gespielt wird.

—I would like to,
[ai wud laik tu,]
Ich würde gern,

but I don't know
[bat ai dount nou]
aber ich weiß nicht,

if I would have time.
[if ai wud häv taim.]
ob ich Zeit haben werde.

Verkürzter Infinitiv
Die Präposition *to* kann unter bestimmten Bedingen ohne das dazugehörige Infinitiv gebraucht werden:

Do you like to swim? – Schwimmen Sie gern?
Yes, I like to. – Ja, das tue ich.

I have a report
[ai häv ə ri'poːt]
Ich habe ein Referat,

that I should finish before Monday.
[ðät ai schud 'finisch bi'foː man'däi.]
das ich vor Montag abschließen sollte.

—But you could put off the report until evening.
[bat ju kud put of ðə ri'poːt an'til 'iːvening.]
Aber du könntest das Referat auf den Abend verschieben.

The game would only take a couple of hours.
[ðə gäim wud 'ounli täik ə 'kappel ov 'auəz.]
Das Spiel würde nur ein paar Stunden dauern.

Tom said we could go in his car.
[tom säd uiː kud gou in hiz kaː]
Tom sagte, wir könnten mit seinem Auto fahren.

He said we shouldn't miss
[hi säd ui 'schudnt miss]
Er sagte, wir sollten es nicht versäumen,

seeing this game,
['siːing ðis gäim,]
dieses Spiel zu sehen,

since it was going to be the most important of the season.
[sins it woz gouing tu bi ðə moust im'poːtənt ov ðə 'siːzən.]
weil es das wichtigste der Saison werden würde.

—Which team, in your opinion, will win?
[uitsch tiːm, in juːro'pinjən, uill uin?]
Welche Mannschaft wird deiner Meinung nach gewinnen?

—The Senators should win,
[ðə 'senətəz schud uin,]
Die Senators müßten gewinnen,

according to their batting average.
[a'kɔːding tu ðeə 'bätting 'ävəridsch.]
ihrer Durchschnittsleistung des Schlägers zufolge.

On the other hand, if the Orioles' first pitcher
[on ði 'aðə händ, if ði 'orioulz fɜst 'pitschə]
Andererseits, wenn der erste Werfer der Orioles

has recovered from his accident
[häz ri'kavəd from hiz 'äksident]
sich von seinem Unfall erholt hat

and is in good shape,
[änd iz in gud schäip,]
und in guter Form ist,

then the Orioles might have
[ðen ði 'orioulz mait häv]
dann könnten die Orioles

a good chance to win.
[ə gud tschaːns tu uin.]
eine gute Gewinnchance haben.

—That sounds interesting.
[ðät saundz 'intresting.]
Das klingt interessant.

O.K. I'll be glad to go.
[ou. käi. aiəl bi gläd tu gou.]
Also gut. Ich werde gern mitgehen.

TESTEN SIE IHR ENGLISCH

Übersetzen Sie Ins Englische. Für jede richtige Übersetzung können Sie sich 10 Punkte anrechnen.

1. Könnten Sie mich heute zum Mittagessen begleiten? _____

2. Darf ich ein Bild von Ihnen machen? _____

3. Ich würde Ihnen gerne einen Abzug schicken. _____

4. Möchten Sie nicht etwas essen? _____

5. Darf ich hier sitzen? _____

6. Könnten Sie mir Ihre Telefonnummer sagen? _____

7. Nehmen Sie einen Drink? _____

8. Könnten Sie mich am Morgen anrufen? _____

9. Könnten Sie mir zwanzig Dollar leihen? _____

10. Würdest du gerne morgen mit zum Baseballspiel kommen? _____

Auflösung: 1. Could you meet me for lunch today? 2. May I take a picture of you? 3. I would like to send you a copy. 4. Won't you have something to eat? 5. May I sit here? 6. Could you tell me your telephone number? 7. Will you have a drink? 8. Could you call me in the morning? 9. Could you lend me twenty dollars? 10. Would you like to go to a baseball game tomorrow?

Ergebnis: _____ %

step 17 BERUFE UND BESCHÄFTIGUNGEN

There are many business opportunities
['ðeərɑː 'mäni 'bizənes oppə'tjuːnitiːz]
Es gibt in Amerika viele geschäftliche Möglichkeiten

in America for people who speak
[in ə'merika fo 'piːpel hu spiːk]
für Leute, die

German and English fluently.
['dschəmən änd 'inglisch 'fluentli.]
fließend Deutsch und Englisch sprechen.

Salesmen and company representatives are needed
['säilzmen änd 'kompəni repri'zentətivz aː 'niːdid]
Verkäufer und Firmenrepräsentanten werden benötigt

for business and commercial relations
[foː 'bizənes änd ko'məschəl ri'leischənz]
für die Geschäfts- und Handelsbeziehungen

between North America
[bi'tuiːn noːθ ə'merika]
zwischen Nordamerika

and the German-speaking world.
[änd ðə 'dschəmən 'spiːking wəld.]
und der deutsch-sprechenden Welt.

Translators and bilingual secretaries
[trans'läitəz änd 'bailinguəl 'sekrətäriːz]
Übersetzer und zweisprachige Sekretärinnen

can find good positions in banks,
[kän faind gud po'zischənz in bänks,]
können gute Stellen bei Banken,

lawyers' offices, and large corporations.
['loːjəz 'offisiz, änd laːdsch koːpə'reischənz.]
Anwaltskanzleien und großen Gesellschaften finden.

Ähnliche Wörter

Es gibt einige Wörter, die, wenn man die deutsche Endung „-är" in die englische Endung -*ary*
umändert, sehr leicht zu lernen sind:

temporär	*temporary*
ordinär	*ordinary*
extraordinär	*extraordinary*
Volontär	*voluntary*
Sekretär	*secretary*

Interpreters are employed in the department stores,
[in'təpritəz 'aːrim'ploid in ðə di'paːtmənt stoːz,]
Dolmetscher werden in Zweigniederlassungen,

hotels, hospitals, and airports.
[ho'telz, 'hospitəlz, änd äəpoːts.]
Hotels, Krankenhäusern und Flughäfen eingesetzt.

Factory and construction workers
['fäktəri änd kon'strakschən 'wɜkəz]
Fabrik- und Bauarbeiter

need English for reasons of safety
[niːd 'inglisch foː riːzənz ov 'säifti]
brauchen Englisch aus Sicherheitsgründen

and to communicate with work teams.
[änd tu ko'mjuːnikäit uið uɜk tiːmz.]
und um sich mit den Arbeitermannschaften zu verständigen.

Capable bilingual people can find positions
['käipəbəl bai'linguəl 'piːpəl kän faind po'zischənz]
Fähige zweisprachige Leute können Positionen

in municipal, state, or federal agencies.
[in mju'nisipəl, stäit, oː 'federəl 'äidschensiːz.]
in städtischen, staatlichen oder Bundesvertretungen finden.

German is a very important language in the United States
['dschəmən iz ən im'poːtənt 'länguidsch in ðə ju'naitid stäits]
Deutsch ist eine sehr wichtige Sprache in den Vereinigten Staaten,

but English, the national language,
[bat 'inglisch, ðə 'näschənəl 'länguidsch,]
aber Englisch, die Nationalsprache,

is really the key to one's success
[iz 'riəli ðə kiː tu uanz sək'sess]
ist wirklich der Schlüssel zum Erfolg

in almost any work, position, or business
[in oːlmoust 'äni uɜk, po'zischn, oː 'bizenes]
für beinahe jede Arbeit, Position oder geschäftliche

activity one may engage in.
[äk'tiviti uan mäi in'gäidsch in.]
Aktivität, die man eingehen kann.

BEISPIELUNTERHALTUNG: EIN EINSTELLUNGSGESPRÄCH

DIRECTOR OF PERSONNEL:
[di'rektə'rov pəsə'nell:]
PERSONALDIREKTOR:
 Good morning.
 [gud moːning.]
 Guten Morgen.

 Please be seated.
 [pliːz bi siːtid.]
 Bitte, setzen Sie sich.

 Have you completed the application for employment?
 [häv ju kom'pliːtid ði äpli'käischən foːrim'ploiment?]
 Haben Sie das Bewerbungsformular ausgefüllt?

APPLICANT:
['äplikənt:]
BEWERBER:
 Yes, I have.
 [jes ai häv.]
 Ja, das habe ich.

 Here it is, sir.
 [hiərit'iz, sɜ.]
 Hier ist es.

DIRECTOR OF PERSONNEL:
 I see on your application that
 [ai siː on juəräpli'käischən ðät]
 Ich sehe auf Ihrer Bewerbung, daß

 you speak German and English fluently.
 [ju spiːk 'dschəmən änd 'inglisch 'fluːentli.]
 Sie fließend Deutsch und Englisch sprechen.

Are you familiar with business terminology
[aː ju fə'miljə uið 'bizənəs tɜmi'nolodschi]
Sind Sie mit der Wirtschaftsterminologie

in both languages?
[in bouθ 'länguidschiz?]
in beiden Sprachen vertraut?

APPLICANT:
Yes, I am.
[jes ai äm.]
Ja, das bin ich.

I have worked in the international division
[ai häv uɜkt in ði 'internäschənəl di'vischən]
Ich habe fünf Jahre in der internationalen Abteilung

of the National Bank for five years.
[ov ðə 'näschənəl bänk foː faiv jiəz.]
der Nationalbank gearbeitet.

DIRECTOR OF PERSONNEL:
Tell me,
[tel mi,]
Sagen Sie,

are you up to date on
[aː ju ap tu däit on]
sind Sie auf dem laufenden, was

the latest import-export regulations?
[ðə 'läitest 'impoːt-'ekspoːt regju'läischənz?]
die neuesten Import-Export-Bestimmungen angeht?

APPLICANT:
Yes. A good deal of my work
[jes. ə gud diːl ov mai uɜk]
Ja. Ein großer Teil meiner Arbeit

was connected with the foreign accounts department.
[uoz ko'nektid uið ðə 'forən ə'kaunts di'paːtmənt.]
war mit der Abteilung Auslandsgeschäfte verbunden.

221

DIRECTOR OF PERSONNEL:
Are you free to travel?
[aː ju friː tu 'trävəl?]
Sind Sie unabhängig, zu reisen?

We have branches in different
[ui häv 'brantschiz in 'diffərənt]
Wir haben Zweigstellen in verschiedenen

American and European cities.
[ə'merikən änd jurə'piːən 'sittiːz.]
amerikanischen und euröpäischen Städten.

APPLICANT:
Certainly.
['sətənli.]
Sicher.

I would like to have such an opportunity.
[ai wud laik tu häv satsch ən oppə'tjuːniti.]
Eine solche Gelegenheit würde mir gefallen.

DIRECTOR OF PERSONNEL:
What was your reason
[uot uoz juə 'riːzən]
Was war Ihr Grund,

for leaving your last position?
[foː 'liːving juə laːst po'zischən?]
Ihre letzte Stellung aufzugeben?

APPLICANT:
There was no room for further advancement.
[ðeə uoz nou ruːm foː 'fəðərəd'vaːnsment.]
Es gab keine weitere Aufstiegsmöglichkeit.

Also I wanted to come to the United States.
['oːlsou ai 'uontid tu kam tu ðə ju'naitid stäits.]
Außerdem wollte ich in die Vereinigten Staaten gehen.

DIRECTOR OF PERSONNEL:

Your qualifications seem to be excellent.
[juə kuolifi'keischənz si:m tu bi 'ekselent.]
Ihre Qualifikationen scheinen ausgezeichnet zu sein.

Within two weeks
[uið'in tu: ui:ks]
In zwei Wochen

we will have a position open –
[ui uill häv ə po'zischən 'oupen –]
werden wir eine Stelle frei haben –

assistant to the export manager.
[ə'sistənt tu ði iks'po:t 'mänədschə.]
Assistent des Exportdirektors.

Incidently, our company offers
['insidentli, auə 'kompəni 'offəz]
Nebenbei bietet unser Unternehmen

many advantages to its employees,
['mäni əd'va:ntidschiz tu its emploi'i:z,]
seinen Angestellten viele Vorteile,

such as health,
[satsch äz helθ,]
wie Gesundheits-

profit sharing, and retirement plans.
['profit 'schäring, änd ri'taiəment plänz.]
und Altersvorsorge und Gewinnbeteiligung.

They are described in detail in this booklet.
[ðei a: dis'kraibd in 'di:täil in ðis 'buklet.]
Sie sind in dieser Broschüre detailliert beschrieben.

When would you be prepared to start?
[uen wud ju bi pri'päəd tu sta:t?]
Wann wären Sie bereit anzufangen?

APPLICANT:

Whenever it would be convenient for you.
[uen'evərit wud bi kon'vi:njent fo: ju.]
Wann immer es Ihnen passen würde.

However I should first like to discuss
[hau'evə ai schud fɜst laik tu dis'kass]
Dennoch möchte ich zuerst

the question of salary.
[ðə 'kuestschən ov 'säləri.]
die Gehaltsfrage besprechen.

DIRECTOR OF PERSONNEL:

Of course.
[ov ko:s.]
Natürlich.

I am sure we can arrive
[ai äm schuə ui kän ə'raiv]
Ich bin sicher, wir können

at an agreement of mutual benefit.
[ät ən ə'gri:mənt ov 'mju:tschəl 'benefit.]
zu einer Einigung mit gegenseitigem Nutzen kommen.

TESTEN SIE IHR ENGLISCH

Lesen Sie noch einmal aufmerksam Step 17 und kreuzen Sie dann, ohne noch einmal den Text nachzuschlagen, die Möglichkeit "True" bzw. "False" an, wenn Sie glauben, daß daß eine Aussage richtig oder falsch ist. Berechnen Sie sich 10 Punkte für jede richtige Antwort.

	TRUE	FALSE
1. You don't need English to get a good job in the United States.	( )	( )
2. Bilingual secretaries use three languages at work.	( )	( )
3. The applicant left his last position because there was no room for further advancement	( )	( )
4. Federal agencies frequently employ bilingual people.	( )	( )
5. The company has profit sharing and retirement plans.	( )	( )
6. The company has no branches in other cities.	( )	( )
7. The person looking for a job has written an applikation.	( )	( )
8. The applicant is unfamiliar with business terminology.	( )	( )
9. The applicant knows about import-export regulations.	( )	( )
10 He doesn't want to travel.	( )	( )

Auflösung: 1. False; 2. False; 3. True; 4. True; 5. True; 6. False; 7. True; 8. False; 9. True; 10. False

Ergebnis: _____ %

step 18 DAS PLUSQUAMPERFEKT

The past participle is used with *had*
[ðə paːst 'paːtisipəl iz juːzd uið häd]
Das Partizip Perfekt wird mit *had* verwendet,

to form the past perfect:
[tu foːm ðə paːst 'pɜfekt:]
um das Plusquamperfekt zu bilden:

The Past Perfect – Das Plusquamperfekt

Das Plusquamperfekt wird genauso gebraucht wir im Deutschen. Es wird gebildet mit *had* und dem Partizip Perfekt und beschreibt eine abgeschlossene Handlung, die einer anderen Handlung in der Vergangenheit vorausging:

We had already gone to bed when Victor came to visit.
Wir waren schon zu Bett gegangen, als Victor uns besuchte.
I knew someone who had made millions in the stock market before it fell.
Ich kannte jemanden, der hatte Millionen an der Börse gewonnen, bevor sie krachte.

Kombination von Zeiten

Beachten Sie, daß das Plusquamperfekt nur im Zusammenhang mit anderen Zeiten gebraucht wird, da seine Verwendung voraussetzt, daß dem in dieser Zeitform Erzählten noch etwas folgte.

The train had left
[ðə träin häd left]
Der Zug war abgefahren,

before we got to the station.
[bi'foː ui got tu ðə 'steischən.]
bevor wir zum Bahnhof kamen.

Fortunately the bus had not departed.
['foːtschənətli ðə bas häd not di'paːtid.]
Glücklicherweise war der Bus nicht abgefahren.

When we arrived at the hotel
[uen ui ə'raivd ät ðə hou'tel]
Als wir beim Hotel ankamen,

the dining room had just closed.
[ðə 'daining ruːm häd dschast klouzd.]
hatte der Speiseraum gerade geschlossen.

> **Just als „Zeitwort"**
> *I just arrived.* – Ich bin gerade angekommen.
> *I had just arrived.* – Ich war gerade angekommen.

We were quite hungry
[ui uə kuait 'hangri]
Wir waren ziemlich hungrig,

since we had not eaten since noon.
[sins ui häd not 'iːtən sins nuːn.]
da wir seit Mittag nichts gegessen hatten.

But we remembered that we had noticed
[bat ui ri'membəd ðät ui häd 'noutist]
Aber wir erinnerten uns, daß wir

a "diner" near the station.
[ə 'dinə niə ðə 'stäischən.]
ein „diner" in der Nähe des Bahnhofs bemerkt hatten.

"Diner"

Ein *"diner"* ist ein kleines Restaurant, das einem Speisewagon nachempfunden ist, und das 24 Stunden geöffnet ist.

We went back there and found
[ui uent bäck ðeə änd faund]
Wir gingen dorthin zurück und sahen,

that it hadn't closed yet.
[ðät it hädnt klouzd jet.]
daß es noch immer nicht geschlossen war.

BEISPIELERZÄHLUNG:
EIN SCHATTEN VOR DEM FENSTER

We had already finished dinner
[ui häd 'oːlredi 'finischt 'dinnə]
Wir hatten das Essen schon beendet,

and we were in the living room having coffee.
[änd ui 'uɜrin ðə 'living ruːm 'häving 'koffi.]
und wir tranken gerade Kaffee im Wohnzimmer.

Suddenly we heard screams,
['saddənli ui hɜd skriːmz,]
Plötzlich hörten wir Schreie,

which were coming from the kitchen.
[uitsch uɜ 'kaming from ðə 'kitschen.]
die aus der Küche kamen.

We ran in to see what had happened.
[ui rän in tu siː uot häd 'häppend.]
Wir liefen hin um zu sehen, was geschehen war.

The maid told us,
[ðə mäid tould as,]
Das Mädchen erzählte uns,

when she had calmed down,
[uen schi häd kaːmd daun,]
als sie sich beruhigt hatte,

that she had heard a noise
[ðät schi häd hɜd ə noiz]
daß sie ein Geräusch

on the fire escape
[on ðə 'faiəris'käip]
auf der Feuertreppe gehört

and thought that she had seen
[änd θɔːt ðät schi häd siːn]
und gedacht hatte, daß sie

someone outside the window
[ˈsamuan autˈsaid ðə ˈuindou]
jemand vor dem Fenster gesehen hatte,

who was looking in.
[hu uoz ˈlucking in.]
der hineinsah.

She thought it could be a burglar.
[schi θɔːt it kud bi ə ˈbəglə.]
Sie dachte, es könnte ein Einbrecher sein.

She said that she had read an article
[schi säd ðät schi häd red ən aːtikel]
Sie sagte, daß sie einen Artikel

in the newspaper about a cat burglar
[in ðə ˈnjuːzpäipərəˈbaut ə kät ˈbəglə]
in der Zeitung über einen „Katzen"-Einbrecher gelesen hatte,

who had climbed up a building and had robbed
[hu häd ˈklaimd ap ə ˈbilding änd häd robd]
der an einem Gebäude hochgeklettert war und

several apartments in the neighbourhood.
[ˈsevərəl əˈpaːtments in ðə ˈneibəhud.]
mehrere Wohnungen in der Nachbarschaft ausgeraubt hatte.

We looked out the window
[ui luckt aut ov ðə ˈuindou]
Wir sahen aus dem Fenster,

but there was no one there.
[bat ðeə uoz nou uan ðeə.]
aber es war niemand da.

We called the police
[ui kɔːld ðə pəˈliːs]
Wir riefen die Polizei

and they told us that
[änd ðei tould as ðät]
und sie sagten uns, daß

they would check the building.
[ðei wud tscheck ðə 'bilding.]
sie das Gebäude untersuchen würden.

Emergencies

Hier sind einige Ausdrücke, die im Notfall von Nutzen sein können:

Polizei! – *police!*

Haltet den Dieb! – *Stop thief!*

Ich bin beraubt worden –

I have been robbed

Hilfe! – *Help!*

Feuer! – *Fire!*

Aufgepaßt! – *Look out!*

Es hat einen Unfall gegeben –

There's been an accident

Schnell! – Hurry!

Rufen Sie einen Krankenwagen! –

Call an ambulance!

Nicht bewegen! – *Don't move!*

TESTEN SIE IHR ENGLISCH

Übung 1:
Übersetzen Sie ins Englische. Berechnen Sie 10 Punkte für jede richtige Übersetzung.

1. Als wir ankamen, war der Zug

   abgefahren.

2. Wir hatten seit mittags

   nicht gegessen.

3. Wir hatten das Abendessen

   beendet.

4. Wir waren dabei,

   Kaffee zu trinken.

5. Das Mädchen sagte uns, daß

   sie ein Geräusch gehört hatte.

Übung 2:
Hier sind fünf verschiedene Situationen. Finden Sie einen Ausdruck, der zu der jeweiligen Situation paßt. Sollten Sie einige Wörter aus den Fragen 6 bis 10 nicht kennen, schauen Sie sie im Wörterbuch am Ende dieses Buches nach. Für jede passende Ergänzung erhalten Sie 10 Punkte.

6. If a robber takes your money,

   you call: _____

7. If you see smoke and flames coming from a house,

   you shout: _____

8. If a person who can't swim falls into the water,

   he calls: _____

9. If you see an accident,

    you say: _____

10. If a person is hurt in an accident,

    you tell him: _____

Auflösung:
Übung 1:
1. When we arrived, the train had left. 2. We had not eaten since noon. 3. We had finished dinner. 4. We were having coffee. 5. The maid told us that she had heard a noise.
Übung 2:
6. Stop thief! I've been robbed! 7. Fire! 8. Help! 9. Call an ambulance! There's been an accident. 10. Be careful! Don't move!

Ergebnis: _____

step 19 VOLLENDETE ZUKUNFT

The future perfect is used
[ðə 'fjuːtschə 'pəfekt iz 'juːzd]
Das vollendete Futur wird verwendet,

to express action already finished in the future.
[tu iks'press 'äkschən oːlredi 'finischt in ðə 'fjuːtschə.]
um in der Zukunft bereits abgeschlossene Handlung auszudrücken.

> **The future perfect**
> Diese Zeit wird mit *will have* (oder den negativen
> Formen *will not have* und *won't have*) und dem
> Partizip Perfekt gebildet. Beachten Sie die fol-
> genden Beispiele.

—Will you have finished the repair by evening?
  [uill ju häv 'finischt ðə ri'päə bai 'iːvning?]
  Wirst du die Reparatur bis zum Abend erledigt haben?

—It's possible, but I'll certainly
  [its 'possibəl, bat aiəl 'sətənli]
  Das ist möglich, aber bis morgen werde ich

  have finished the job by tomorrow.
  [häv 'finischt ðə dschob bai tu'morou.]
  die Arbeit bestimmt erledigt haben.

  By next week
  [bai nekst uiːk]
  In der nächsten Woche

  I will have received my final grades.
  [ai uill häv ri'siːvd mai 'fainəl gräidz.]
  werde ich meine Abschlußzensuren bekommen haben.

If they are good, I will have fulfilled
[if ðei aː gud, ai uill häv fulˈfilld]
Wenn sie gut sind, werde ich

all the requirements for graduation.
[oːl ðə riˈkuaiəments foː grädjuˈäischən.]
alle Bedingungen zur Promotion erfüllt haben.

When he finishes his literature course
[uen hi ˈfinischiz hiz ˈlitrətschə koːs,]
Wenn er seinen Literaturkurs abschließt,

he will have read at least 250 books.
[hi uill häv red ät liːst tuːhandrədändˈfifti buks.]
wird er mindestens 250 Bücher gelesen haben.

Zusammenfassung der Zeiten

Das Futur II (*future perfect*) ist die letzte der
sechs Grundzeiten des Englischen.

Denken Sie daran, daß fast alle Verben in allen
Personen die gleiche Form haben, mit Ausnahme
von *to be* (*am, is, are* im Präsens und *was, were*
in der Vergangenheit).

Beachten Sie folgendes Beispiel des Verbs *to
speak* in der ersten Person Singular *(I)*:

present:	I speak
past:	I spoke
future:	I will speak
perfect:	I have spoken
past perfect:	I had spoken
future perfect:	I will have spoken

Alle Verben mit Ausnahme der Hilfsverben folgen
diesem Schema. Die Verlaufsform wird mit *to be*
und dem Partizip Präsens (Infinitiv+-*ing*) gebildet.

present:	I am speaking
past:	I was speaking
future:	I will be speaking
perfect:	I have been speaking
past perfect:	I had been speaking
future perfect:	I will have been speaking

Sie sehen, daß die englischen Verben sehr leicht zu konjugieren sind, obwohl sie in der Konversation manchmal schwer zu verstehen sind, weil es so viele Kurzformen gibt.

BEISPIELUNTERHALTUNG:
DER KÜNFTIGE FORTSCHRITT
DER WISSENSCHAFTEN

—In a hundred years what changes
[in ə 'handred jiəz uot 'tscheindschiz]
Welche Veränderungen

will have occured?
[uill häv ə'kɜd?]
werden in hundert Jahren eingetreten sein?

—In my opinion we will have established
[in mai o'pinjən ui uill häv i'städlischt]
Nach meiner Ansicht werden wir

bases on the moon and on the planets
['bäisiz on ðə muːn 'ändon ðə 'plänəts]
Basen auf dem Mond und auf den Planeten

of the solar system.
[ov ðə 'soulə 'sistəm.]
des Sonnensystems errichtet haben.

Scientists will have developed
['saientists uill häv di'velopt]
Wissenschaftler werden

new food resources
[njuː fuːd ri'zoːsiz]
neue Nahrungsquellen

for the world's greatly increased population.
[foː ðə uəldz 'gräitli in'kriːst popju'läischən.]
für die in hohem Maß angestiegene Weltbevölkerung entwickelt haben.

Progress in medical care will have prolonged
['prougress in 'medikəl 'käə uill häv pro'longd]
Der Fortschritt in der medizinischen Versorgung wird

the duration of human life by many years.
[ðə dju'räischən ov 'juːmən laif bai 'mäni jiəz.]
die Dauer des menschlichen Lebens um viele Jahre verlängert haben.

The use of computers
[ðə 'juːsov kom'pjuːtəz]
Der Einsatz von Computern

will have completely changed
[uill häv kom'pliːtli tschäindschd]
wird das Bildungssystem

the educational system.
[ði edju'käischənəl 'sistem.]
vollständig verändert haben.

—Maybe.
[mäi'biː]
Möglich.

But do you think
[bat du ju θink]
Aber glaubst du,

they will have discovered
[dei uill häv dis'kavəd]
sie werden ein Mittel

a means of reducing taxes?
[ə miːnz ov ri'djuːsing 'täksiz?]
zur Senkung der Steuern entdeckt haben?

TESTEN SIE IHR ENGLISCH

Übung 1:
Die unten abgedruckten Verben stehen im einfachen Futur. Ändern Sie sie in das Futur II um und tragen Sie die Formen ein. Berechnen Sie sich 10 Punkte für jede richtige Antwort.

We *will establish* bases on other planets. Scientists *will develop* new food resources which *will prolong* human life. Computers *will change* the educational system. Many new discoveries *will be made*.

Futur	Futur II
1. *will establish*	1. _____
2. *will develop*	2. _____
3. *will prolong*	3. _____
4. *will change*	4. _____
5. *will be made*	5. _____

Übung 2:
Übersetzen Sie ins Englische. Berechnen 10 Ounkte für jede richtige Antwort.

1. Wird er die Reparatur vor 6 Uhr _____

   beendet haben? _____

2. Wir werden den Vertrag vor _____

   dem Treffen erhalten haben. _____

3. Nächsten Monat werde ich alle _____

   Bedingungen zur Promotion _____

   erfüllt haben. _____

4. Vor nächstem Dienstag werde ich _____

   die Änderungen ausgeführt   _____

   haben, die Sie wünschen.   _____

5. Nachdem ich mit ihm gesprochen _____

   habe, werde ich dir die   _____

   Informationen geben können.   _____

Übung 2:
1. Will he have finished the repair before 6 o'clock?
2. We will have received the contract before the meeting.
3. Next month I will have fulfilled the requirements to graduate.
4. Before next Tuesday I will have made the changes you wish.
5. After having spoken with him I will be able to give you the information.

Auflösung:
Übung 1:
1. will have established 2. will have developed 3. will have prolonged 4. will have changed 5. will have been made

Ergebnis: _____ %

step **20** BEDINGUNGEN UND ANNAHMEN

Sentences like:
['sentensiz laik:]
Sätze wie:

> "If it rains tomorrow, we won't go to the beach",
> [if it räinz tu'morrou, ui uount gou tu ðə biːtsch]
> „Wenn es morgen regnet, gehen wir nicht zum Strand"

and
[änd]
und

> "If he came to the party, I didn't see him,"
> [if hi käim tu ðə 'paːti, ai 'didənt siː him]
> „Wenn er zu der Party kam, sah ich ihn nicht"

are simple suppositions.
[aː 'simpel sapo'zischənz.]
sind einfache Suppositionen.

> ### Wahrscheinliche und weniger wahrscheinliche Annahmen
> Bei einfachen wahrscheinlichen Annahmen steht im *if*-Satz das Präsens und im Hauptsatz das Futur. Bei weniger wahrscheinlichen Annahmen steht im *if*-Satz das *past* und im Hauptsatz *would* + der Infinitiv des Verbes.

—If you told me what happened
[if ju tould mi uot 'häppend]
Wenn Sie mir erzählen würden, was geschehen ist,

I would not repeat it to anyone.
[ai wud not ri'piːt it tu 'äniuan.]
würde ich es niemandem weitererzählen.

—If you were in my place,
[if ju 'uɜrin mai pläis,]
Wenn Sie an meiner Stelle wären,

what would you do?
[uot wud ju duː?]
was würden Sie tun?

—Well, if I were in your situation,
[uell, if ai 'uɜrin juə sitju'äischən,]
Nun, wenn ich in Ihrer Lage wäre,

I would try to find a good lawyer.
[ai wud trai tu faind a gud 'loːjə.]
würde ich versuchen, einen guten Anwalt zu finden.

> **Nicht mögliche Bedingungssätze**
> Beachten Sie die Bedeutung der verschiedenen
> Bedingungssätze. Wenn man sagt: *if you were in
> my place,* beinhaltet das, daß diese Aussage
> nicht real ist, und deshalb wird in diesem Falle
> die zweite Form der Bedingungssätze gebraucht,
> d. h. *if*-Satz im *past* und Hauptsatz mit *would* +
> Infinitiv. Diese Sätze sind wenig wahrscheinliche
> bzw. nicht mögliche Bedingungen

—Last night I saw a TV program about tigers.
[laːst nait ai soː ə 'tiːvi 'prográm ə'baut 'tigəz.]
Gestern abend sah ich eine Fernsehsendung über Tiger.

What would you do if you met
[uot wud ju du if ju met]
Was würdest du machen, wenn du

a tiger in the jungle?
[ə 'taigərin ðə 'dschangel?]
einem Tiger im Dschungel begegnen würdest?

—Well, if I saw one, I would kill him
[uell, if ai soː uan, ai wud kill him]
Nun, wenn ich einen sähe, würde ich ihn töten

with my rifle.
[uið mai 'raifel.]
mit meinem Gewehr.

—But if you didn't have a rifle, what then?
[bat if ju 'didənt häv ə 'raifel, uot ðen?]
Aber wenn du kein Gewehr hättest, was dann?

—Then I would climb up a tree.
[ðen ai wud klaim ap ə tri:]
Dann würde ich auf einen Baum klettern.

—Don't you know
[dount ju nou]
Weißt du nicht,

that tigers can climb trees too?
[ðät 'taigəz kän klaim tri:z tu:?]
daß Tiger auch auf Bäume klettern können?

—Then I would have to run for my life.
[ðen ai wud häv tu ran fo: mai laif.]
Dann müßte ich um mein Leben laufen.

You know, I used to be a champion racer in school.
[ju nou, ai ju:zd tu bi ə 'tschämpjən 'räisərät sku:l.]
Du weißt, in der Schule war ich immer ein Meisterläufer.

—Hmm... I think that the tiger
[hmmm... ai θink ðät ðə 'tigə]
Hmm... Ich glaube, daß der Tiger

would catch up to you easily...
[wud kätsch ap tu ju 'i:zili...]
dich leicht einholen könnte...

—For God's sake, man!
[fo: godz säik, män!]
Um Gottes Willen, Mann!

Are you my friend or the friend of the tiger's?
[a: ju mai frend o: ðə 'frendov ðə'taigəz?]
Bist du mein Freund oder der Freund des Tigers?

Used to zeigt das Imperfekt an
Used to, gefolgt von einem Infinitiv oder auch allein, beschreibt eine Angewohnheit oder eine wiederholte Handlung der Vergangenheit.

> *When I was young, I used to go to the movies every Saturday.* – Als ich jung war, pflegte ich jeden Samstag ins Kino zu gehen.

> *She used to live in Argentina.* – Sie pflegte in Argentinien zu wohnen.

Used to bedeutet „etwas gewohnt sein"
Used to kann auch „etwas gewohnt sein" heißen.

> *I'm used to getting up at 6 in the morning.* – Ich bin es gewohnt, um 6 Uhr morgens aufzustehen.

> *He is getting used to life in America.* – Er gewöhnt sich allmählich an das Leben in Amerika.

Another kind of supposition
[ən'aðə 'kaindov sappo'zischən]
Eine andere Art von Suppositionen

deals with events that never happened
[di:lz uið i'vents ðät 'nevə 'häppənd]
beinhaltet Ereignisse, die nie geschahen,

but that might have happened:
[bat ðät mait häv 'häppənd:]
die aber hätten geschehen können:

If Queen Isabella had not aided Columbus,
[if kui:n isa'bela häd not 'äidid ko'lambəs]
Wenn Königin Isabella Columbus nicht unterstützt hätte,

who would have discovered the New World?
[hu: wud häv dis'kavəd ðə nju: uɜld?]
wer hätte die Neue Welt entdeckt?

If scientists had not been able to split the atom,
[if 'siəntists häd not bin 'äibəl tu split ði 'ätəm,]
Wenn die Wissenschaftler das Atom nicht hätten spalten können,

would the world be a better place to live today?
[wud ðə uəld bi ə 'bettə pläis tu liv tu'däi?]
wäre die Welt heute ein besserer Ort zum leben?

Annahmen, die nie möglich sein können
Das erste Beispiel zeigt eine Annahme, die nicht
real ist, da wir wissen, daß Kolumbus wirklich
Amerika entdeckt hat. Hierbei wird das Futur II
mit dem Plusquamperfekt benutzt. Das zweite
Beispiel kombiniert das Plusquamperfekt mit
would + Infinitiv, denn es bezieht sich auf heutige
Verhältnisse.

BEISPIELUNTERHALTUNG: WAS WÜRDEN SIE TUN, WENN SIE IM LOTTO GEWINNEN WÜRDEN?

—What would you do if you won
[uot wud ju du if ju uan]
Was würden Sie machen, wenn Sie

the big prize in the lottery?
[ðə big praiz in ðə 'lottəri?]
den Hauptgewinn in der Lotterie gewinnen würden?

—The first thing would be
[ðə fəst θing wud bi:]
Das erste wäre,

to buy a bigger house.
[tu bai ə 'biggə haus.]
ein größeres Haus zu kaufen.

That would make my wife happy.
[ðät wud mäik mai uaif 'häppi.]
Das würde meine Frau glücklich machen.

Then I would buy a new car.
[ðen ai wud bai ə nju: ka:]
Dann würde ich ein neues Auto kaufen.

That would make me happy.
[ðät wud mäik mi: häppi.]
Das würde mich glücklich machen.

Then we would take a trip
[ðen ui wud täik ə trip]
Dann würden wir eine Reise

around the world.
[ə'raund ðə wɜld.]
um die Welt machen.

We would visit the places
[ui wud 'vizit ðə 'pläisiz]
Wir würden die Orte besuchen,

we have always wanted to see.
[ui häv 'oːlueiz 'uontid tu siː]
die wir immer haben sehen wollen.

After that we would come back here
['aːftə ðät ui wud kam bäck hiə]
Anschließend würden wir hierher zurückkommen,

to enjoy our new house.
[tu in'dschoi auə njuː haus.]
um unser neues Haus zu genießen.

—Would you keep on working?
[wud ju kiːp on 'uɜking?]
Würden Sie weiter arbeiten?

—No way! I would retire.
[nou wäi! ai wud ri'taiə.]
Auf keinen Fall! Ich würde mich zur Ruhe setzen.

Then I could play golf
[ðen ai kud pläi golf]
Dann könnte ich Golf spielen

or do whatever I wanted.
[oː du uot'evərai 'uontid.]
oder machen, was ich wollte.

—That would be the ideal life, wouldn't it?
[ðät wud bi ði ai'diəl laif, 'wudntit?]
Das wäre das ideale Leben, nicht wahr?

Let's go and buy some tickets now!
[lets gou änd bai sam 'tickets nau!]
Lassen Sie uns ein paar Lotteriescheine kaufen gehen!

The following week:
[ðə 'follouing ui:k:]
Die folgende Woche:

—How did it go?
　[hau 'didit gou?]
　Wie war es?

—I had no luck!
　[ai häd nou lack!]
　Ich hatte kein Glück!

　Although I bought
　['o:lðou ai bo:t]
　Obwohl ich

　a dozen tickets
　[ə 'dazən 'tickets]
　ein Dutzend Scheine gekauft habe,

　I didn't win anything at all!
　[ai 'didənt uin 'äniθing ät o:l!]
　habe ich überhaupt nichts gewonnen!

—Neither did I.
　['naiðə did'ai.]
　Ich auch nicht.

　But after all,
　[bat 'a:ftəro:l,]
　Aber letzten Endes,

　if you had won a lot of money
　[if ju häd uan ə lot ov 'mani]
　wenn Sie eine Menge Geld gewonnen hätten,

　probably it would all be gone in a short time.
　['probəbli it wud o:l bi gon in ə scho:t taim.]
　es wäre wahrscheinlich nach kurzer Zeit verbraucht.

—Maybe. But at least
　['mäibi. bat ät li:st]
　Möglich. Aber zumindest

I would have had the pleasure
[ai wud häv häd ðə 'pleschə]
hätte ich das Vergnügen gehabt,

of spending it.
[ov 'spending it.]
es auszugeben.

Das Gerundium

Das Gerundium wird im Englischen immer dann eingesetzt, wenn im Deutschen ein Infinitiv benutzt wird.

> *The joy of living.* – Die Freude zu leben.

> *The advantage of knowing English.* – Der Vorteil, Englisch zu können.

TESTEN SIE IHR ENGLISCH

Übersetzen Sie die folgenden Sätze ins Englische und berechnen Sie sich 10 Punkte für jede richtige Übersetzung.

Falls sie Wörter, die Sie für die Übersetzung benötigen, nicht kenne, suchen Sie diese im Wörterbuch.

1. Wenn er Arzt werden will, muß er zur Universität gehen.

   _____

2. Wenn die Börse steigt, werden die Leute glücklich sein.

   _____

3. Wenn unsere Mannschaft gewinnt, werden wir eine Party geben.

   _____

Übersetzen Sie die folgenden Sätze ins Deutsche:

4. If he had enough money, he would buy a yacht.

   _____

5. If I were in your place, I would look for a new job.

   _____

6. What would you do if you won the lottery.

   _____

7. If the automobile had not been invented, would we still travel by horse?

   _____

8. What would have happened if Phillip II had been able to conquer

   England?

   _____

Übersetzen Sie die folgenden Sätze ins Englische:

9. Ich pflegte in Mexiko zu leben, als ich jung war.

---

10. Ich bin gewohnt, um zehn Uhr ins Bett zu gehen.

Auflösung: 1. If he wants to be a doctor, he must go to the university. 2. If the stock market goes up people will be happy. 3. If our team wins the game we will give a party. 4. Wenn er genug Geld hätte, würde er eine Jacht kaufen. 5. Wenn ich an deiner Stelle wäre, würde ich einen neuen Job suchen. 6. Was würden Sie tun, wenn Sie in der Lotterie gewinnen würden? 7. Wenn das Automobil nicht erfunden worden wäre, würden wir noch zu Pferd reisen? 8. Was wäre geschehen, wenn Philipp II. England hätte erobern können? 9. I used to live in Mexico when I was young. 10. I'm used to going to bed at ten o'clock.

Ergebnis: _____ %

Some advice to help you when you read English.
Ein paar Hinweise, die Ihnen helfen, Englisch zu lesen.

Business letters are written
Geschäftsbriefe werden

in a very polite style
in sehr höflichem Stil geschrieben,

with frequent use of the auxiliary verbs
unter häufiger Verwendung von Hilfsverben

like *would, should, could* (and *might*)
wie „wäre", „sollte", „könnte"

with indirect requests and suppositions.
bei indirekten Bitten und Annahmen.

Dear Sir:
Sehr geehrter Herr,

We would be grateful
Wir wären Ihnen dankbar,

if you could kindly
wenn Sie uns freundlicherweise

send us your latest catalog and price list.
Ihren neuesten Katalog und die Preisliste senden könnten.

We would appreciate your answering
Wir würden Ihre

as soon as possible
baldigstmögliche Antwort schätzen,

as we might be interested in placing
da wir daran interessiert sein könnten,

an important order with your company.
bei Ihrem Unternehmen eine bedeutende Bestellung aufzugeben.

We thank you in advance.
Wir danken Ihnen im Voraus.

Very truly yours,
Hochachtungsvoll,

Geschäftsbriefe

Wenn man an mehrere Personen schreibt,
wie z.B. an eine Gesellschaft, kann man mit
Gentlemen, Dear Sir oder *Dear Madam* beginnen.
Schreibt man an eine Einzelperson, benutzt man:

Dear Mr. _____ (Nachname)

Dear Mrs. _____ (Nachname)

Dear Miss _____ (Nachname)

Für eine Dame kann man auch

Dear Ms. _____ (Nachname)

benutzen, wenn man nicht weiß, ob sie ledig
oder verheiratet ist.

When reading newspapers
Beim Lesen von Zeitungen

you will notice that the headlines
werden Sie feststellen, daß die Schlagzeilen

are often brief and idiomatic.
oft kurz und idiomatisch sind.

For example, to understand
Um beispielsweise

1. REDSKINS MASSACRE COWBOYS

2. RACKET BOSS INDICTED

3. DOW JONES TAKES A DIVE

one must have a certain knowledge
zu verstehen, muß man besondere Kenntnis

of daily life and local events.
vom täglichen Leben und lokalen Ereignissen haben.

Lokalkolorit

Um die oben angeführten Schlagzeilen verstehen zu können, darf man sie nicht wörtlich übersetzen. In ihrer prägnanten Art informieren sie die Leserschaft darüber, daß:

1. Eine Baseballmannschaft die andere vernichtend geschlagen hat,
2. ein Gangsterboss angeklagt wird, und
3. die Börsenkurse niedrig stehen.

There are some outstanding examples
Es gibt einige herausragende Beispiele

in classic English literature
in der klassischen englischen Literatur,

that are familiar to almost all
die beinahe allen

English-speaking persons
englisch-sprechenden Personen

throughout the world.
in der ganzen Welt vertraut sind.

The following quotation
Das folgende Zitat

from the works of Shakespeare
aus dem Werk Shakespeares

illustrates the indecision and doubt
veranschaulicht die Unentschlossenheit und den Zweifel,

that afflict Hamlet:
die Hamlet plagen:

To be, or not to be:
Sein oder Nichtsein:

That is the question:
Das ist die Frage:

Whether 'tis nobler in the mind to suffer
Ob's edler im Gemüt,

The slings and arrows of outrageous fortune
Die Pfeil' und Schleudern des wütenden Geschicks erdulden,

Or to take arms against the sea of troubles,
Oder, sich waffnend gegen eine See von Plagen,

And by opposing end them?
Durch Widerstand sie enden?

One of the most famous quotations
Eins der berühmtesten Zitate

of the English language
der englischen Sprache

comes from a speech given
stammt aus einer Rede,

by Abraham Lincoln at Gettysburg,
die Abraham Lincoln in Gettysburg hielt,

site of the decisive battle
der Stätte der entscheidenden Schlacht

of the American Civil War.
des Amerikanischen Bürgerkriegs.

The following excerpt illustrates
Der folgende Ausschnitt zeigt

the simplicity, rhythm and power of his style.
die Einfachheit, den Rhythmus und die Kraft seines Stils.

...that we highly resolve that these dead
...daß wir ernsthaft beschließen, daß diese Toten

shall not have died in vain;
nicht vergeblich gestorben sein sollen;

that the nation shall, under God,
daß die Nation mit Gott

have a new birth of freedom;
eine neue Geburt des Friedens haben wird;

and government of the people,
und die Herrschaft der Menschen,

by the people, for the people
durch die Menschen, für die Menschen,

shall not perish from the earth.
wird auf der Erde nicht untergehen.

Everything that you read in English
Alles, was Sie in Englisch lesen,

will increase your knowledge
wird Ihr Wissen erweitern,

and, at the same time,
und gleichzeitig

will be a source of pleasure,
wird es eine Quelle des Vergnügens,

information or of amusement.
der Information oder der Unterhaltung sein.

But the most important thing is
Aber das wichtigste ist,

to speak and listen to others speak
zu sprechen und anderen beim Sprechen zuzuhören,

because in order to speak a language well
denn um eine Sprache gut zu sprechen

it is most important to practice it
ist es äußerst wichtig, sie

at every opportunity.
bei jeder Gelegenheit zu üben.

SIE KÖNNEN MEHR ENGLISCH ALS SIE DENKEN

Obwohl Sie nun die Grundbegriffe der englischen Sprache beherrschen, werden Sie beim Lesen von Büchern, Zeitungen und Zeitschriften immer wieder auf Wörter treffen, die Sie nicht kennen. Sie sollten dann versuchen, die Wörter dem Sinn nach zu verstehen, oder, wenn es absolut nicht geht, ein Wörterbuch zu Hilfe nehmen.

Die englische Sprache ist, wie Sie schon gelernt haben, aus romanischen und germanischen Elementen zusammengesetzt. Sie werden daher viele Wörter, die auch im Deutschen eine germanische Wurzel haben, leicht erkennen.

Wenn Sie nun englische Texte lesen oder mit Engländern bzw. Amerikanern sprechen und etwas nicht verstehen, sollten Sie – wie oben schon erwähnt – versuchen, den Zusammenhang zu ergründen.

Die beste Methode ist immer, den Satz so oft wie möglich zu lesen, Sie werden sehen, auf einmal verstehen Sie den Sinn. Das Wörterbuch sollten Sie wirklich nur in Notfällen verwenden.

Sehr gut wäre es auch, wenn Sie einen Text laut lesen und dann auf eine Kasette aufnehmen würden, um Ihre eigene Stimme zu hören. Dadurch können Sie Ihre Aussprache kontrollieren und selbst verbessern.

Eines aber ist von großer Bedeutung: sollten Sie Ihren Urlaub in England oder Amerika verbringen – sprechen Sie so viel und so oft Sie die Möglichkeit haben mit den „Eingeborenen". Sie brauchen keine Angst zu haben, daß Sie Fehler machen, jeder wird Verständnis dafür haben, daß kein Meister vom Himmel fällt. Eine Sprache erlernt man immer am besten in dem Land, wo sie gesprochen wird. Nun wünschen wir Ihnen weiterhin viel Glück und Erfolg – und vor allem Spaß – mit der englischen Sprache!

UNREGELMÄSSIGE VERBEN

Hier finden Sie die versprochene Liste mit praktisch allen gebräuchliche Verben, die unregelmäßige Stammformen haben. Zu jedem einzelnen Verb die deutsche Übersetzung hinzuzufügen, hätte den Rahmen dieses Übungsbuches gesprengt. Viele Wörter werden Sie aber im nachfolgenden Kurzwörterbuch wiederfinden – die übrigen können Sie in einem größeren Wörterbuch nachschlagen, das Sie sich ohnehin kaufen sollten, wenn Sie sich weiterhin mit der englischen Sprache beschäftigen möchten.

INFINITIV	PAST TENSE	PAST PARICIPLE
abide	abode, abided	abode, abided
arise	arose	arisen
awake	awoke	awake, awoke
be	was	been
bear	bore	borne, born
beat	beat	beaten
become	became	become
befall	befell	befallen
beget	begot	begotten
begin	began	begun
behold	beheld	beheld
bend	bent	bent, bended
bereave	bereaved, bereft	bereaved, bereft
beseech	besought	besought
beset	beset	beset
bet	bet, betted	bet, betted
betake	betook	betaken
bethink	bethought	bethought
bid	bade, bid	bidden, bid
bide	bode, bided	bided
bind	bound	bound
bite	bit	bitten, bit
bleed	bled	bled

blend	blended, blent	blended, blent
bless	blessed, blest	blessed, blest
blow	blew	blown
break	broke	broken
breed	bred	bred
bring	brought	brought
broadcast	broadcast, broadcasted	broadcast, broadcasted
build	built	built
burn	burnt, burned	burnt, burned
burst	burst	burst
buy	bought	bought
cast	cast	cast
catch	caught	caught
chide	chid	chidden, chid
choose	chose	chosen
cleave	clove, cleft	cloven, cleft
cling	clung	clung
cloth	clothed	clothed
come	came	come
cost	cost	cost
crepp	crept	crept
crow	crowed	crowed
cut	cut	cut
dare	dared	dared
deal	dealt	dealt
dig	dug	dug
dive	dived;(US) dove	dived
do	did	done
draw	drew	drawn
dream	dreamed, dreamt	dreamed, dreamt
drink	drank	drunk
drive	drove	driven
dwell	dwelt	dwelt
eat	ate	eaten
fall	fell	fallen
feed	fed	fed
feel	felt	felt
fight	fought	fought

find	found	found
flee	fled	fled
fling	flung	flung
fly	flew	flown
forbear	forborne	forborne
forbid	forbade, forbad	forbidden
forecast	forecast, forecasted	forecast, forecasted
foreknow	foreknew	foreknown
foresee	foresaw	foreseen
foretell	foretold	foretold
forget	forgot	forgotten
forgive	forgave	forgiven
forsake	forsook	forsaken
forswear	forswore	forsworn
freeze	froze	frozen
gainsay	gainsaid	gainsaid
get	got	got, (US) gotten
gild	gilded, gilt	gilded
gird	girded, girt	girded, girt
give	gave	given
go	went	gone
grave	graved	graven, graved
grind	ground	ground
grow	grew	grown
hang	hung, hanged	hung, hanged
have	had	had
hear	heard	heard
heave	heaved, hove	heaved, hove
hew	hewed	hewed, hewn
hide	hid	hidden, hid
hit	hit	hit
hold	held	held
hurt	hurt	hurt
inlay	inlaid	inlaid
keep	kept	kept
kneel	knelt	knelt
knit	knitted, knit	knitted, knit
know	knew	known

lade	laded	laden
lay	laid	laid
lead	led	led
lean	leant, leaned	leant, leaned
leap	leapt, leaped	leapt, leaped
learn	learnt, learned	learnt, learned
leave	left	left
lend	lent	lent
let	let	let
lie	lay	lain
light	lighted,lit	lighted, lit
lose	lost	lost
make	made	made
mean	meant	meant
meet	met	met
melt	melted	melted, molten
miscast	miscast	miscast
misdeal	misdealt	misdealt
misgive	misgave	misgiven
mislay	mislaid	mislaid
mislead	misled	misled
misspell	misspelt	misspelt
misspend	misspent	misspent
mistake	mistook	mistaken
misunderstand	misunderstood	misunderstood
mow	mowed	mown, (US) mowed
outbid	outbade, outbid	outbidden, outbid
outdo	outdid	outdone
outgo	outwent	outgone
outgrow	outgrew	outgrown
outride	outrode	outridden
outrun	outran	outrun
outshine	outshone	outshone
overbear	overbore	overborne
overcast	overcast	overcast
overcome	overcame	overcome
overhang	overhung	overhung
overhear	overheard	overheard

overlay	overlaid	overlaid
overleap	overleapt, overleaped	overleapt, overleaped
overlie	overlay	overlain
override	overrode	overridden
overrun	overran	overrun
oversee	oversaw	overseen
overset	overset	overset
overshoot	overshot	overshot
oversleep	overslept	overslept
overtake	overtook	overtaken
overthrow	overthrew	overthrown
overwork	overworked	overworked, overwrought
partake	partook	partaken
pay	paid	paid
prove	proved	proved, proven
put	put	put
read	read, red	read, red
rebind	rebound	rebound
rebuild	rebuilt	rebuilt
recast	recast	recast
redo	redid	redone
relay	relaid	relaid
remake	remade	remade
rend	rent	rent
repay	repaid	repaid
rerun	reran	rerun
reset	reset	reset
retell	retold	retold
rewrite	rewrote	rewritten
rid	rid, ridden	rid, ridded
ride	rode	ridden
ring	rang	rung
rise	rose	risen
rive	rived	riven, rived
run	ran	run
saw	sawed	sawn, (sawed)
say	said	said
see	saw	seen

seek	sought	sought
sell	sold	sold
send	sent	sent
set	set	set
sew	sewed	sewn, sewed
shake	shook	shaken
shave	shaved	shaved, shaven
shear	sheared	shorn, sheared
shed	shed	shed
shine	shone	shone
shoe	shod	shod
shoot	shot	shot
show	showed	shown, showed
shred	shredded	shredded
shrink	shrank, shrunk	shrunk, shrunken
shrive	shrove, shrived	shriven, shrived
shut	shut	shut
sing	sang	sung
sink	sank	sunk, sunken
sit	sat	sat
slay	slew	slain
sleep	slept	slept
slide	slid	slid, slidden
sling	slung	slung
slink	slunk	slunk
slit	slit	slit
smell	smelt, smelled	smelt, smelled
smite	smote	smitten
sow	sowed	sown, sowed
speak	spoke	spoken
speed	sped, speeded	sped, speeded
spell	spelt, spelled	spelt, spelled
spend	spent	spent
spill	spilt, spilled	spilt, spilled
spin	spun, span	spun
spit	spat	spat
split	split	split
spoil	spoilt, spoiled	spoilt, spoiled

spread	spread	spread
spring	sprang	sprung
stand	stood	stood
stave	staved, stove	staved,stove
steal	stole	stolen
stick	stuck	stuck
sting	stung	stung
stink	stank, stunk	stunk
strew	strewed	strewn, strewed
stride	strode	stridden, strid
strike	struck	struck, stricken
string	strung	strung
strive	strove	striven
sunburn	sunburned, sunburnt	sunburned, sunburnt
swear	swore	sworn
sweep	swept	swept
swell	swelled	swollen, swelled
swim	swam	swum
swing	swung	swung
take	took	taken
teach	taught	taught
tear	tore	torn
tell	told	told
think	thought	thought
thrive	throve, thrived	thriven, thrived
throw	threw	thrown
thrust	thrust	thrust
tread	trod	trodden, trod
unbend	unbent	unbent
unbind	unbound	unbound
underbid	underbid	underbidden, underbid
undergo	underwent	undergone
understand	understood	understood
undertake	undertook	undertaken
undo	undid	undone
upset	upset	upset
wake	woke. waked	woken, waked
waylay	waylaid	waylaid

wear	wore	worn
weave	wove	woven, wove
wed	wedded	wedded, wed
weep	wept	wept
win	won	won
wind	winded, wound	winded, wound
withdraw	withdrew	withdrawn
withhold	withheld	withheld
withstand	withstood	withstood
work	worked	worked
wring	wrung	wrung
write	wrote	written